SISTEMA DE CAPACIDADES FÍSICAS

Fundamentos Teóricos, Metodológicos e Científicos que Sustentam seu Desenvolvimento no Homem

Dados Internacionais de Catalogação na Publicação (CIP)
(Câmara Brasileira do Livro, SP, Brasil)

Macías, Adalberto Collazo
Sistema de capacidades físicas : fundamentos teóricos, metodológicos e científicos que sustentam seu desenvolvimento no homem / Adalberto Collazo Macías, Eduardo Henrique Brosco da Cruz, Mário Luiz Maia Guerra. — São Paulo : Ícone, 2006.

ISBN 85-274-0856-2

1. Capacidade física I. Cruz, Eduardo Henrique Brosco da. II. Guerra, Mário Luiz Maia. III. Título.

06-0220 CDD-613.7

Índices para catálogo sistemático:

1. Capacidades físicas : Sistema : Promoção da saúde 613.7

Adalberto Collazo Macías
Eduardo Henrique Brosco da Cruz
Mário Luiz Maia Guerra

SISTEMA DE CAPACIDADES FÍSICAS

Fundamentos Teóricos, Metodológicos e Científicos que Sustentam seu Desenvolvimento no Homem

Ícone editora

Capa
Meliane Moraes

Diagramação
Meliane Moraes

Revisão
Rosa Maria Cury Cardoso

Tradução
Geisa Cristiane Marques Rotta

ÍCONE EDITORA LTDA.
Rua Anhanguera, 56 – Barra Funda
CEP 01135-000 – São Paulo – SP
Fone/Fax: (11) 3392-7771
www.iconelivraria.com.br
e-mail: editora@editoraicone.com.br
iconevendas@yahoo.com.br

EXTERNO

Não é fácil fazer magia se não se é mago,
Não é fácil caminhar quando não existem caminhos,
Não é fácil brilhar se não te dão luz,
Não é fácil triunfar se não recebes ajuda,
No entanto, se faz magia com esforço e trabalho,
Se faz caminho ao andar,
Se brilha, se tens luz própria, e
se triunfa, se não desistes em empenhar-se para conseguir,
Além disso, tenha sempre presente o seguinte:
Só triunfam os atrevidos,
os que acreditam em suas idéias, os que sonham com um mundo melhor,
os que possuem um pensamento forte e são, por isso,
Nunca deixe de lutar, continue até o fim,
acredite e defenda as idéias que brotem do mais profundo do teu ser,
não admitas nunca que nada externo te arraste e te distancie de suas convicções e as crenças, demonstre com feitos práticos e convença com resultados concretos, sempre utilizando para isso sua inteligência e vontade.

O autor

AGRADECIMENTO

A meus senhores pais María de Jesús Macías Escobar e Adalberto Collazo Cintado por terem gerado em suas entranhas a estirpe de minha formação, minha existência e minha vida; sem sua constante ajuda nada teria sido possível, para eles meu agradecimento infinito por terem propiciado a educação que me permitiu pensar e atuar em honra de meu próprio melhoramento humano, pois tudo o que fiz até hoje, foi, é e será para o bem-estar da humanidade e o meu próprio.

À minha querida sobrinha Jenniffer, por ter iluminado minhas nostalgias e incertezas em ocasiões por apenas proporcionar com sua inocência infantil o carinho que me fez sentir feliz. À minha irmã Arelys de todo coração.

A meu avô Severino por ter me dado tanta felicidade e por ser uma pessoa muito especial para mim, e mesmo que fisicamente ausente, sempre se faz presente em meus pensamentos e recordações.

À minha esposa María Eugenia por seu incondicional apoio e por ter gerado em suas entranhas o fruto que me incentiva a preparar-me, pois elas são parte constante de meus esforços, meu sacrifício e meu trabalho.

E muito especialmente à minhas filhas María de la Caridad e María Camila, por serem as inspirações máximas de todas as obras que realizo, pois elas constituem o antídoto que exonera meu corpo e minha mente das tensões que nos impõe a vida.

À todas aquelas pessoas que souberam com seus conhecimentos e experiências nutrir meu modesto intelecto para o bem do esporte universal.

E finalmente, à todas as pessoas que com sua gratidão, solidariedade e amizade tem colaborado com esta obra que exponho a serviço da humanidade.

ÍNDICE

PRÓLOGO AO LEITOR

O presente livro foi elaborado com o objetivo supremo de oferecer aos professores de Educação Física e treinadores esportivos um manual básico para a compreensão do processo de aperfeiçoamento e desenvolvimento das capacidades físicas motoras em atletas de alto rendimento esportivo e estudantes em idade escolar juvenil.

O desenvolvimento das capacidades físicas constitui uma das temáticas mais discutidas e investigadas no campo da Educação Física e dos esportes, múltiplos são os critérios à respeito do tema, diferentes formas de estruturar tipologicamente as capacidades físicas mostra a literatura atual, diversos critérios existem sobre os fatores que determinam ou condicionam o desenvolvimento das capacidades físicas, dos efeitos que produzem no organismo humano seu desenvolvimento, dos meios e métodos idôneos que devem ser utilizados durante o treinamento, assim como os princípios que regem o dito processo.

O autor considera que as temáticas abordadas no mesmo são de vital importância para o desenvolvimento do esporte atual. Este livro oferece em oito capítulos aspectos gerais que caracterizam o processo de aperfeiçoamento das capacidades físicas e aspectos específicos relacionados com capacidades básicas tais como: a resistência, a força, a rapidez, a mobilidade e as coordenativas, além de oferecer uma metodologia para a confecção de planos de preparação física sobre a base de modelos organizativos de planificação.

Além disso, apresenta uma proposta que mede o nível máximo do rendimento físico geral para atletas de alto rendimento esportivo, a qual constitui uma alternativa para o controle e avaliação da preparação física geral independentemente do esporte praticado.

A elaboração deste trabalho surge a partir de uma necessidade detectada nos centros de alto rendimento esportivos cubanos, pois muitas têm sido as divergências encontradas quanto a forma de trabalho no treinamento da preparação física do esportista, no entanto não pretendemos com este manual estabelecer um padrão a seguir, mas sim desejamos esclarecer alguns termos e clarear determinados aspectos essenciais com relação ao aperfeiçoamento das capacidades físicas, como um dos componentes fundamentais dentro da preparação do esportista.

Este livro constitui o resultado das contradições geradas pelo autor durante as experiências que como professor de Educação Física, Treinador, Subdiretor Esportivo da Escola Superior de Aperfeiçoamento Atlético de La Habana, além de professor das disciplinas de Teoria e Metodologia da Educação Física e do Treinamento Esportivo, tem tido em seus anos de trabalho como profissional do esporte.

Nosso mais sagrado propósito é que os conteúdos que aparecem aqui sirvam aos professores e treinadores para compreender todos os fundamentos essenciais que caracterizam o desenvolvimento das capacidades físicas na preparação do esportista atual. Assim proporcionamos as ferramentas necessárias para levar adiante o processo de treinamento esportivo, desde o ponto de vista da preparação física.

Esperamos modestamente que este manual em mãos dos treinadores esportivos e professores de Educação Física constitua em um guia metodológico importantíssimo, que lhes permita conduzir eficazmente o processo da preparação física do esportista durante o treinamento, que lhes permita ampliar a concepção teórica que sustenta o desenvolvimento das capacidades físicas no homem, além de que cada conteúdo refletido ou temática abordada se converta em motor impulsor para que se continue investigando este tema tão complexo da Educação Física e dos Esportes.

CAPÍTULO 1

ALGUMAS AVALIAÇÕES SOBRE O DESENVOLVIMENTO TEÓRICO, METODOLÓGICO E CIENTÍFICO DAS CAPACIDADES FÍSICAS

1.1– Definição de capacidades físicas

O conceito de capacidades físicas é um termo muito pouco divulgado dentro da literatura atual no mundo, talvez pelo grau de complexidade da mesma, isto não significa que não existam definições à respeito, alguns autores expõem seus critérios, a isto nos referiremos na continuação.

O termo de capacidades físicas significa "aquelas condições orgânicas básicas para a aprendizagem e aperfeiçoamento de ações motoras físico esportivas". (Coletivo de Autores, Ginástica Básica p. 2.).

Em Cuba se conhece a terminologia de capacidades físicas com o nome de qualidades físicas motoras. No entanto muitos são os critérios a respeito de ambos os termos. A palavra capacidade não significa o mesmo que qualidade, a isto, o Pequeno Larousse Ilustrado expõe os seguintes conceitos:

Capacidade: Conteúdo: A capacidade de um copo. Espaço de um lugar ou local, teatro de muita capacidade

(Sinôn. V. Cabimento e espaço.) Fig. Inteligência, talento: pessoa com grande capacidade. Aptidão ou suficiência. Aptidão legal por gozar de um direito.

Qualidade: Provém do latim *qualitas*. O que faz que uma pessoa ou coisa seja o que é, propriedade, caráter: uma boa qualidade. (Sinôn. Propriedade, atributo, dom, virtude, modalidade, modo.) indole. Característica.

Como se pode ver as capacidades físicas são aptidões biopsíquicas do ser humano, as quais se expressam em diversas formas em que o homem interage com o meio em que vive e que no campo do esporte e da Educação Física, se observa o potencial físico que demonstra um indivíduo nas diferentes modalidades esportivas existentes. Entretanto, o termo qualidade física está muito relacionado com a condição dos movimentos técnico tático que um esportista realiza, próprio de um esporte determinado.

As capacidades físicas motoras estão condicionadas na própria estrutura biológica do organismo, as quais dependem consideravelmente de determinados fatores genéticos e hereditários; seu desenvolvimento no tempo transcorre de forma natural mas a níveis determinados, contudo, para alcançar níveis superiores de desenvolvimento, temos necessariamente que aproveitar os períodos sensitivos de cada uma das capacidades físicas, cumprindo para isso um numeroso grupo de aspectos biometodológicos.

A compreensão deste fenômeno por parte do homem, é o resultado da necessidade que temos de conhecer mais sobre seu desenvolvimento. O tema das capacidades físicas constitui atualmente no âmbito internacional uma das temáticas mais investigadas e estudadas, no entanto, apesar de tudo isso, ainda faltam muitos caminhos para percorrer.

Retornando ao conceito de capacidades físicas, podemos propor que em nosso critério entendemos por este fenômeno:

Aquelas qualidades biopsíquicas que possui um indivíduo para executar diferentes movimentos de extensão corporais com um alto nível de rendimento, que se expressa em diversas faculdades físicas do homem, manifestando-se na prática pela resistência e rapidez com que o mesmo empurra, pressiona e suporta uma carga externa ou interna satisfatoriamente, pela rapidez de seu sistema neuromuscular de reagir ante um estímulo externo, a de acionar um plano muscular ou a de transladar o corpo de um lugar a outro no menor tempo possível e a de resistir por um tempo prolongado a execução de rápidas e intensas contrações musculares, além da capacidade aeróbica de resistir a esforços de larga duração sem a presença de cansaço muscular e a de realizar grandes amplitudes de movimentos de forma rítmica e corrente.

1.2 – Importância das capacidades físicas para o rendimento esportivo

Não podemos conceber um rendimento esportivo sem o desenvolvimento multifásico das capacidades físicas. Os resultados esportivos na atualidade dependem fundamentalmente entre outras coisas, do desenvolvimento físico geral e específico que exige a modalidade esportiva praticada. O desenvolvimento das capacidades físicas, tais como a resistência, a força, a rapidez, a mobilidade e as capacidades coordenativas constituem a base fundamental para qualquer preparação esportiva; quando um atleta alcança um desenvolvimento adequado destas (entenda-se por isto, um nível de acordo com as exigências competitivas para o qual se prepara), então, maior serão as possibilidades de assimilar as cargas técnico táticas, psicológicas, teóricas, aspectos estes que sem dúvida permitem alcançar formas superiores de rendimento esportivo.

A capacidade de resistência permite ao homem criar as condições básicas para realizar atividades físico esportivas; quanto maiores as possibilidades que tenha um organismo para intercambiar o oxigênio a nível intracelular, então maior será o tempo do qual disponibilizará para continuar exercitando seus músculos, portanto, mais se tardará a aparição e presença do cansaço ou fadiga muscular. Quando realizamos exercícios destinados ao desenvolvimento da resistência elevamos consideravelmente a eficácia de nossos sistemas e órgãos, bioquimicamente se incrementam as reservas mitocondriais, o que traz como resultado maiores possibilidades para compensar os níveis de cansaço e maior capacidade para resistir a esforços físicos prolongados, aspecto este sumamente importante no mundo do esporte competitivo.

O desenvolvimento da força não só aumenta a massa muscular do organismo e incrementa a capacidade para acelerar os movimentos corporais, mas ao realizar exercícios para fortalecer nosso sistema muscular, as miofibrilas se ativam e se engrossam em dependência do tipo de força que se desenvolve (isto se dá pelo volume e a intensidade de cargas, além da freqüência que dão lugar a este estímulo), isto traz por conseguinte, uma maior disposição para realizar contrações musculares com alto grau de rendimento. Quando os músculos se põem em ação com certa freqüência de tempo e como resultado da adaptação do homem, se elevam internamente os mecanismos do corpo para realizar atividades físicas esportivas com rendimento.

A rapidez como capacidade física reclama em seu acionar prático das propriedades do sistema neuromuscular para contrair-se e relaxar-se constantemente a uma velocidade máxima de execução, esta capacidade é essencial na maioria dos esportes.

A mobilidade é a capacidade que um organismo possui de realizar grandes amplitudes de movimentos articulares, sem o desenvolvimento desta se limitam consideravelmente a boa coordenação intramuscular; quando um indivíduo possui uma boa mobilidade, então condiciona melhor seu sistema neuromuscular para assimilar toda as demais cargas de treinamento, inclusive evita lesões de toda natureza consideravelmente.

As capacidades coordenativas estão condicionadas precisamente pelo desenvolvimento das condicionais e pelo nível de percepcão, representação, memória, imaginação criadora e inteligência de um dado indivíduo. Seu desenvolvimento depende de múltiplos fatores que serão tratados nos próximos capítulos.

1.3 – Principais fatores que condicionam o desenvolvimento das capacidades físicas no homem

O desenvolvimento das capacidades físicas motoras no homem ocorre como um processo natural dentro de seu próprio período evolutivo. Ela é resultante de determinadas funções fisiológicas e bioquímicas que têm lugar de forma muito parecida em todos os seres humanos em determinados períodos de sua vida.

Por exemplo, hoje em dia se reconhece que para alcançar um bom desenvolvimento das capacidades físicas motoras, ele deve suceder aproveitando de forma adequada os chamados períodos críticos ou sensitivos, dos quais falaremos em detalhes mais adiante.

O organismo humano, biologicamente está preparado para ativar e desenvolver todas as qualidades físicas, isto se manifesta durante a prática das atividades físico esportivas.

Agora nos cabe questionar a seguinte pergunta: Quais são os principais fatores de que depende o desenvolvimento das capacidades físicas no homem?, em nossa opinião existem três elementos essenciais que determinam seu desenvolvimento, são eles:

- Condições genéticas, hereditárias e somatotípicas do indivíduo.
- Determinados traços da personalidade do homem.
- Determinadas condições objetivas e subjetivas.

- *Condições genéticas, hereditárias e somatotípicas do indivíduo*

A condição genética e somatotípica do indivíduo é um fator imprescindível no desenvolvimento das qualidades físicas motoras. Recentes estudos revelaram o descobrimento do genoma humano, onde se guardam as codificações genéticas que traz no DNA um indivíduo, assim, a humanidade já conta com o mapa dos genes, mas ainda falta muito para saber neste sentido, só se está começando, estamos convencidos que o esporte também se beneficiará destes progressos da ciência moderna. As mais novas investigações realizadas neste campo demonstram que geneticamente todos os homens são iguais, no entanto, não significa que todos os organismos reagem da mesma forma diante de um mesmo estímulo ou fenômeno. Tudo isto nos faz praticamente pensar que no campo do esporte encontramos múltiplas diferenças entre um sujeito e outro. Por que os gêmeos não possuem o mesmo desenvolvimento das qualidades físicas?, Por que quando gêmeos praticam um mesmo esporte se encontram diferenças quanto ao rendimento, há referências?; todas estas interrogações nos conduzem à dúvida, por isso nos perguntamos: Como podem os homens serem geneticamente idênticos, se na prática funcionalmente não acontece assim? Isto constitui um tema bastante interessante, mas só pretendíamos nos referir a ele como ponto de reflexão, pois constitui uma temática de muita atualidade e que sem dúvida terá sua aplicação no campo do esporte em um futuro próximo. Porém a apreciação a respeito é considerada em estreita vinculação com aspectos sociológicos e psicológicos relacionados com a personalidade de cada indivíduo.

Do que estamos convencidos é que o fator genético e hereditário constitui em um elemento indispensável no desenvolvimento das capacidades físicas de um dado sujeito. As condições somatotípicas do indivíduo (relação entre a estatura e o peso corporal), sua composição muscular, o nível de funcionamento de seus órgãos e sistemas, seu fator e grupo sanguíneo, são entre outros, aspectos biológicos que incidem diretamente no desenvolvimento das capacidades físicas de qualquer indivíduo.

• *Determinados traços da personalidade do homem*

Este é outro aspecto sumamente importante no desenvolvimento das capacidades físicas. É conhecido por todos pela influência que exerce sobre a psique do homem, o meio e as circunstâncias em que este se desenvolve, além de como o desenvolvimento psíquico de um homem pode se transformar pelas características das atividades que este realiza, no que se deduz que existe uma interação entre o homem como ser social e as condições do ambiente em que vive e se desenvolve. Não existem dúvidas da importância do papel que joga determinados traços morais e volitivos da personalidade do homem no desenvolvimento das capacidades físicas. O caráter e o temperamento de um indivíduo são determinantes no desenvolvimento físico, e que assegura a vontade, a perseverança, a tenacidade, o grau de motivação e interesse de cada indivíduo, etc.

• *Determinadas condições objetivas e subjetivas*

O desenvolvimento das capacidades físico esportivas podem ter lugar graças a determinadas condições objetivas e subjetivas. Entre as objetivas se encontram as condições econômicas do sujeito, alimentação, sistema de vida, atenção médica, meios disponíveis para desenvolver as capacidades, entre outras, entretanto, dentro das subjetivas podemos mencionar o tipo de treinamento, os conhecimentos e experiência de quem prepara o atleta, a idade, o sexo, etc.

1.4 – Sistema de princípios básicos para o desenvolvimento das capacidades físicas

O desenvolvimento e aperfeiçoamento das capacidades físicas se fundamenta em qualquer processo pedagógico em um conjunto de regularidades, leis e princípios, os quais constituem uma espécie de guia metodológica para professores de Educação Física e treinadores esportivos.

O processo de desenvolvimento das capacidades físicas requer uma base teórica que garante a cada pedagogo os passos essenciais, os aspectos que não se deve violar, para levar adiante um eficiente processo de treinamento e desenvolvimento dos mesmos.

E é precisamente, através do cumprimento de um sistema de princípios que pretendemos estabelecer um conjunto de regularidades de caráter obrigatório e necessário. Na continuação relacionamos os princípios que devem ser levados em conta para o processo de desenvolvimento das capacidades físicas.

- Princípio da seleção adequada do conteúdo.
- Princípio da relação entre o potencial de treinamento e a recuperação.
- Princípio do aumento gradual e paulatino das cargas.
- Princípio da repetição do exercício físico.
- Princípio do caráter multilateral das cargas.
- Princípio da dosagem adequada das cargas.
- Princípio do controle e avaliação das cargas freqüentemente.
- Princípio do caráter individualizado da carga no treinamento.
- Princípio da alternância das cargas.

- Princípio do aproveitamento adequado dos períodos sensitivos para o desenvolvimento das capacidades físicas.
- Princípio da necessidade de equilíbrio entre gasto energético e consumo durante a prática de exercícios físicos esportivos.

- *Princípio da seleção adequada do conteúdo*

Este princípio pressupõe a necessidade de selecionar um conteúdo (carga física) adequado que responda às necessidades físicas dos atletas e as exigências da modalidade esportiva para a qual nos preparamos. A carga física selecionada pelo treinador deve garantir a correta assimilação por parte dos esportistas. Aqui se estabelece a necessidade de eleger um conjunto de exercícios que garantam o desenvolvimento das capacidades que se deseja desenvolver; a ordem e a interconexão das mesmas em todo o período de duração da preparação desempenham um importante papel.

Geralmente o aperfeiçoamento das capacidades físicas em atletas constituem a base para posteriores objetivos específicos do esporte praticado; desse ponto o treinador deve selecionar um complexo e variado grupo de exercícios que assegurem a realização dos objetivos previstos, partindo sempre de uma correta eleição das principais direções de treinamento que surgem da caracterização do esporte praticado.

É necessário para caracterizar o esporte praticado, especificar as capacidades mais necessárias em determinada modalidade esportiva, assim como os traços elementais que caracterizam determinada atividade.

Este princípio nos expressa a necessidade de definir para o desenvolvimento de cada direção do treinamento um conjunto de exercícios pedagogicamente organizados, com uma correta determinação de objetivos claros e precisos, que partam dos níveis da média grupal, dando ênfase no trabalho individual de cada atleta, onde tome como referência o ponto de partida dos resultados que lançaram os testes iniciais para cada direção.

O conteúdo selecionado durante o período de preparação determina evidentemente uma grande porcentagem dos êxitos nos resultados esportivos.

- *Princípio da relação entre o potencial de treinamento e a recuperação*

Entendemos por potencial de treinamento o grau de estimulação que produz determinada carga física no organismo humano. As cargas físicas segundo Virus (1995) podem ser:

- Carga ineficaz.
- Carga de recuperação.
- Carga de manutenção.
- Carga de desenvolvimento.
- Carga excessiva.

Tanto as cargas de tipo ineficaz como as excessivas não são benéficas para o treinamento, a primeira porque não provoca nenhum tipo de estimulação em dependência com os níveis que possuem os atletas, ou seja, a estimulação cai muito abaixo das verdadeiras possibilidades do organismo, sendo insuficiente já que não provoca mudanças significativas, entretanto a carga excessiva pode provocar durante o treinamento lesões, ferimentos tendinosos e musculares, e dentro do ponto de vista psicológico pode produzir não aceitação por parte dos atletas, assim como apatia pelo treinamento, etc.

Em conseqüência, as cargas de manutenção, de recuperação e de desenvolvimento desempenham funções vitais dentro da preparação do esportista, a presença delas estão determinadas pelo período ou etapa em que se encontra a preparação, assim como a parte do segmento ou categoria. Por exemplo:

Carga de recuperação: são as que garantem o restabelecimento das diversas modificações que vão tendo lugar no organismo do atleta como conseqüência do processo do treinamento, que se combinam freqüentemente quando o período de preparação é muito demorado, que prosseguem depois das competições em ocasiões que, tanto o volume como a intensidade são relativamente baixos em comparação com o nível dos atletas, que são cargas especificamente de caráter geral e que seu objetivo fundamental é diminuir a intensidade dos estímulos que produzem estas cargas. Tudo isso responde a uma necessidade biológica do organismo, pois é quase impossível manter constantemente ao organismo uma baixa influência de cargas de desenvolvimento ou de manutenção.

Carga de manutenção: são as cargas que seu potencial de treinamento estão de acordo com o nível de adaptação do organismo, que não produzem mudanças significativas e que seu objetivo se firma em estabilizar os níveis de desenvolvimento alcançado.

Carga de desenvolvimento: são as cargas físicas que contribuem para o melhoramento da máxima capacidade geral do trabalho do indivíduo, que produzem um grau de estimulação no organismo que pressupõe uma adaptação da mesma; seu objetivo é propiciar constantemente modificações biológicas que condicionem o trabalho físico de forma eficiente para a modalidade esportiva praticada.

Por outro lado, a recuperação é um processo ou mecanismo que funciona como necessidade biológica no organismo humano, que garanta a regeneração dos substratos energéticos gastos durante a atividade física esportiva; com ela se consegue o retorno ao estado inicial de um grupo de parâmetros que se alteram com o processo de treinamento. No mecanismo da recuperação desempenha um importante papel, o sistema de vida do atleta (considera horário e tipo das atividades que realiza diariamente, freqüência, alimentação, sono, satisfação espiritual etc.), o tempo de recuperação entre um exercício e outro de igual condição, entre exercícios de diferentes tipos e com várias exigências, assim como o descanso entre uma freqüência e outra. Para tudo isso é importantíssimo conhecer com que freqüência de tempo se recuperam e se restabelecem totalmente os diferentes sistemas energéticos que intervém na atividade.

Em resumo, este princípio faz referência a relação que se estabelece entre o potencial de treinamento e a recuperação do organismo, assim, o importante é conseguir a recuperação adequada assegurando para isso uma nova disposição do organismo para posteriores atividades.

- *Princípio do aumento gradual e paulatino das cargas*

Tomando como referência a lei básica do treinamento esportivo, ou lei da bioadaptação, também conhecida pelo nome de síndrome de Hans Seylé, a qual propõe a capacidade de adaptação do organismo diante de estímulos externos como uma forma de sobrevivência. É como se desatasse uma reação em cadeia quando gastamos energia durante um exercício, sempre é explicado aos estudantes que o organismo "Reage inteligentemente até alcançar níveis superiores com relação aos iniciais diante de um estímulo externo (carga)", ao que se faz necessário incrementar o grau de estimulação da carga, por três razões óbvias:

- Primeiro: para alcançar níveis superiores de adaptação.
- Segundo: porque na mesma medida em que gastamos energia (ATP) se criam condições metabólicas no organismo para produzir quantidades superiores.
- Terceiro: para melhorar os processos e mecanismos na produção de energia anaeróbia (Sarcoplasma celular) e aeróbia (mitocôndrias).

Todos estes aspectos explicados anteriormente constituem o fundamento científico do porquê devemos incrementar gradualmente e de forma paulatina as cargas físicas no treinamento.

O aumento gradual e paulatino das cargas devem ter lugar a partir dos índices que lançam os testes iniciais, levando constantemente em conta os níveis de assimilação das cargas por parte dos atletas, a idade, o sexo, características do esporte que pratica e a experiência esportiva do mesmo. Este incremento pode tomar uma dinâmica de carga de diferentes formas, que podem ser:

- Retilínea ascendente.
- Ondulatória.
- Escalonada.
- Piramidal, etc.

Tudo isso em dependência dos objetivos que se propôs o treinador, tipo de esporte e de tempo disponível para preparar os seus esportistas.

É precisamente o treinador ou professor o mais indicado para ir aumentando as cargas físicas à partir dos resultados observados e mostrados na prática por parte dos atletas e são os próprios atletas aqueles que vão marcando os limites de suas possibilidades nesse período de treinamento.

Para que exista um grau de estimulação que provoque desenvolvimento é necessário incrementar o nível de exigência integral do treinamento, porém se pode complexar os exercícios a realizar, tanto em sua estrutura biomecânica, como no volume, a intensidade e os períodos de recuperação entre repetições e séries.

O incremento do volume de uma carga de treinamento é dado pelo grau de assimilação que possui o atleta, pelo período de treinamento em que se encontra e pelos objetivos que se quer atingir, no entanto, o aumento da intensidade depende fundamentalmente da proximidade, competência e das características do esporte praticado, entre outros.

A essência deste princípio está determinado pela dosagem das cargas no tempo, seu grau de incremento paulatino com relação às possibilidades dos esportistas e a forma como se interconexam e se distribuem as mesmas.

- *Princípio da repetição do exercício físico*

Quanto mais se pratica um exercício físico, maiores serão as possibilidades de realizá-lo de forma correta, assim, maiores possibilidades terá o organismo treinado para condicionar os músculos para empenhos superiores, atingindo com isto, um nível de adaptação onde vão acumulando vários efeitos do treinamento, o que torna possível o aperfeiçoamento total desta atividade.

Levando em consideração o critério anterior, se pode esboçar que o processo da repetição do exercício físico durante uma aula ou durante o período de duração da preparação é um princípio básico para o desenvolvimento das capacidades físicas, sendo que esta garante os níveis de estimulação de que o organismo precisa para o seu desenvolvimento, sobre a base da própria exercitação. Tudo isto determina que, se quisermos influir de forma positiva nos incrementos de desenvolvimento das capacidades físicas esportivas, estamos obrigados a repetir com certa sistematicidade os exercícios selecionados pedagogicamente, atingindo com sua continuidade o efeito acumulativo que se precisa para condicionar o corpo para a prática esportiva.

A essência deste princípio firma a necessidade básica de repetir, de praticar com freqüência o exercício físico sem ignorar os incrementos graduais e paulatinos dos mesmos, tratando de dirigir um processo de dosagem adequado que se sustente na inter-relação dos demais princípios fundamentalmente.

- *Princípio do caráter multilateral das cargas*

No treinamento e desenvolvimento das capacidades físicas o caráter multilateral das cargas constituem condições elementares para a formação integral do sistema muscular e dos demais órgãos e sistemas do esportista, a versatilidade da estrutura dos exercícios selecionados durante a preparação de um indivíduo, assim como as variadas e abundantes influências que estas produzem no corpo humano, propiciam maiores benefícios para a integridade física esportiva do homem, e como conseqüência se criam condições mais favoráveis para a ótima disponibilidade nas diferentes situações que demandam as atividades esportivas e as da vida própria.

É necessário que os atletas treinem e realizem dentro do tempo de sua preparação a maior diversidade de exercícios possíveis, com o objetivo de propiciar um desenvolvimento integral. Temos a experiência prática com atletas de alto rendimento esportivo em nosso país com condições físicas de primeiro nível, que possuem inclusive uma força máxima de braços aproximado no banco de 140 kg., no entanto, apenas podem realizar três repetições na barra fixa. Este atleta de que falamos, do qual não direi seu nome por ética profissional, é considerado uma das maiores propostas do beisebol cubano na atualidade, possui uma enorme força ao taco e une freqüentemente largas conexões, no entanto, em nossa opinião não está preparado integramente para a vida.

Por tudo o que foi exposto anteriormente, incentivamos a realização da maior quantidade possível de exercícios físicos durante a preparação física do esportista, pois precisamente com a variação das influências externas e internas que propiciam os exercícios físicos se estimulam maiores porcentagens das miofibrilas musculares, o que traz consigo um maior desenvolvimento físico geral.

- *Princípio da dosagem adequada das cargas*

"Dosificar é prever antecipadamente um conjunto de passos, de orientações, de elementos e direções que se concretam na prática, permitindo assim sua validade ou não."

A dosagem como uma das tarefas básicas de qualquer processo de ensinamento e aprendizagem no esporte constituem a planificação prévia e antecipada que o treinador ou professor realiza, estruturando pedagógica, metodológica, didática e cientificamente com lógica nas ações à realizar e quando se efetuariam as mesmas. O êxito de uma boa dosagem se define pela forma em que se selecionam os conteúdos, se combinam e se distribuem ao longo do período de preparação.

Para cumprir com este princípio é necessário levar em conta a essência dos demais princípios, pois neste se encerra de forma global o cumprimento de todos.

Pelo qual se faz imprescindível cumprir com um grupo de parâmetros comprovados, tais como:

- Selecionar cargas físicas de acordo com o nível dos atletas.
- Cumprir estritamente com a relação entre o tempo de trabalho e de recuperação em dependência dos objetivos que se desejam conseguir.
- Aumentar em pequenas doses e de forma progressiva o nível das cargas, levando em conta os níveis de assimilação.
- Repetir o exercício físico conhecendo o tempo de restabelecimento dos sistemas energéticos incluídos na carga desenvolvida.
- Aplicar cargas versáteis para o desenvolvimento integral.
- Controlar e avaliar constantemente as cargas físicas.
- Alternar adequadamente as cargas durante o treinamento.
- Estabelecer um sistema de vida frutífero para o atleta.
- Educar os atletas a partir do nosso próprio exemplo.

- *Princípio do controle e avaliação das cargas freqüentemente*

"Para saber com certeza, se avançamos desde o ponto de vista físico em alguma modalidade esportiva, se faz necessário conhecer e calcular o estado do organismo de um atleta antes, durante e depois de concluído o período de preparação, isto nos permite avaliar os níveis alcançados, assim como a forma que tem sido assimiladas as cargas realizadas."

Se desprende deste princípio a necessidade de controlar e avaliar sistematicamente por parte do treinador a forma que se vão assimilando as cargas por parte dos atletas, já que isto permite adequar o mesmo acordo ao desenvolvimento que se vai adquirindo por parte dos atletas e incrementar os níveis de exigências em dependência dos objetivos a atingir, levando em conta o momento em que se encontra a preparação.

- *Princípio do caráter individualizado da carga no treinamento*

Vladimir I. Lenin declarou: "É absurdo esperar que na sociedade exista uma igualdade de forças e capacidades nas pessoas".

O desenvolvimento das capacidades físicas não tem lugar da mesma forma em pessoas com a mesma idade, sexo, nível de treinamento, sistema de vida etc., pois cada indivíduo se desenvolve independentemente dos demais, respondendo inclusive o seu organismo de forma diferente diante de um mesmo estímulo.

Se levarmos em consideração o exposto anteriormente e visarmos mais a parte esportiva, podemos sugerir à treinadores e professores que o treinamento das capacidades físicas devem ter um caráter individualizado das cargas físicas, dando a cada qual o necessário para avançar, sem importar o ritmo de crescimento, pensando sempre, que todos terão as mesmas oportunidades para desenvolver-se.

- *Princípio da alternância das cargas*

Este princípio visa essencialmente a necessidade de combinar e alternar as diferentes capacidades físicas durante uma sessão, dia, semana, mês ou todo o período que dure a preparação. O êxito deste princípio na prática é dado pela correta distribuição de tempo das diferentes direções do treinamento, assim como a relação entre os diferentes componentes da carga física. A estrutura organizativa da mesma depende fundamentalmente dos objetivos que se deseje atingir.

Existe atualmente a tendência de que as cargas que provocam um mesmo estímulo, devem voltar a repetir-se na dependência do tempo de restabelecimento energético gasto, segundo o sistema utilizado.

- *Princípio do aproveitamento adequado dos períodos sensitivos para o desenvolvimento das capacidades físicas*

É evidente para o desenvolvimento das capacidades físicas o ótimo aproveitamento dos chamados períodos sensitivos. Estes períodos constituem fases dentro do próprio desenvolvimento físico do homem onde ocorre um crescimento acelerado das capacidades físicas.

O conhecimento das zonas propícias para o desenvolvimento das distintas modalidades de capacidades físicas por parte do treinador se converte em algo imprescindível para a preparação física nos jovens, daí a importância que se inspecione seu ótimo aproveitamento.

Além disso, é muito importante ter presente dentro deste princípio os seguintes aspectos:

- Um nível reduzido dos índices iniciais do organismo não devem ser impedimento para a seleção e a iniciação de um atleta em um esporte, pois as aptidões de um indivíduo se desenvolvem na própria atividade de treinamento.

- É necessário ter presente que um incremento dos índices de desenvolvimento físico do organismo de um atleta, em alguns casos pode ser motivo de um rápido aceleramento dos processos de amadurecimento biológico, pois nem todas as crianças amadurecem biologicamente com a mesma rapidez, está claro que aqueles que amadurecem mais rápido, terão incrementos em seus índices de desenvolvimento muito mais elevados, com respeito aos que amadurecem mais lentamente, porém é necessário sempre levar em conta a idade biológica do sujeito.

Para maior conhecimento lhes apresentamos um quadro onde aparece segundo os critérios de vários autores as possibilidades de iniciar o treinamento das diversas capacidades físicas e suas modalidades certas por idades e sexo. (Ver tabela 1.)

Por outro lado podemos enfocar que estudos recentes efetuados por Aguilera – Collazo (2002) sobre a determinação dos períodos sensitivos do desenvolvimento das capacidades físicas em crianças entre 6 e 11 anos de idade, apontaram elementos interessantes, os quais colocamos à sua disposição. (Ver tabela 2.)

Tabela 1 – Relação das capacidades físicas, sexo e idade em que se deve iniciar seu treinamento, segundo os critérios de Grosser (1981), entre outros

Capacidades físico esportivas	**5 – 8 anos**	**8 – 10 anos**	**10 – 12 anos**	**12 – 14 anos**	**14 – 16 anos**	**16 – 18 anos**	**18 – 20 anos**
Força máxima				F- X	F- XX M- X	F- XXX → M- XX	→ M- XXX
Força rápida			F- X	F- XX M- X	F- XXX → M- XX	→ M- XXX →	→ →
Força explosiva			F- X	F- XX M- X	F- XXX → M-XX	→ M- XXX →	→ →
Resistência à força				F- X	F- XX M- X	F- XXX M- XX	M- XXX
Resistência aeróbia		F- X M- X	F- X M- X	F- XX M-XX	F- XX M- XX	F- XXX → M- XXX →	→ →
Resistência anaeróbia				F- X	F- XX M- X	F- XXX M- XX	M-XXX
Rapidez de reação		F- X M- X	F- X M- X	F- XX M- XX	F- XX M- XX	F- XXX → M- XXX →	→ →
Rapidez de transladação à máxima velocidade			F- X	F- XX M- X	F- XX M- XX	F- XXX → M- XXX →	→ →
Mobilidade	F- X M- X	F- X M- X	F- XX M- XX	F- XXX → M- XXX →	→ →	→ →	→ →
Capacidades coordenativas	F- X M- X	F- XX M- XX	F- XXX → M- XXX →	→ →	→ →	→ →	→ →

Explicação dos símbolos:

F- Sexo Feminino
M- Sexo Masculino

X Início cuidadoso de 1-2 vezes por semana.
XX Treinamento mais intenso 3 vezes por semana.
XXX Treinamento de rendimento.
→ A partir daqui seguido.

Tabela 2 – Distribuição das diferentes zonas de desenvolvimento (períodos sensitivos) das capacidades físicas por idades para o sexo feminino, segundo A. Collazo Macías, (2003)

Capacidades Físicas	6 anos	7 anos	8 anos	9 anos	10 anos	11 anos	12 anos	13 anos	14 anos	15 anos	16 anos	17 anos	18 anos
Resistência aeróbia	3	4	5	5	3	3	4	2	4	2	4	2	2
Resistência anaeróbia	3	4	3	4	2	5	2	2	4	3	4	3	3
Rapidez de reação	3	4	4	4	3	3	5	2	3	2	3	3	5
Rapidez de transladação	4	5	5	3	4	4	5	2	2	2	4	4	4
Força explosiva de braços	3	4	4	5	5	5	2	4	4	3	4	4	2
Força explosiva de pernas	3	5	5	3	4	4	4	2	4	4	4	2	5
Resistência à força de braços	4	5	5	5	5	2	3	5	2	2	2	4	2
Resistência à força rápida abdominal	3	4	4	4	3	2	4	3	3	5	5	3	3
Mobilidade da coluna vertebral	4	4	3	4	3	3	2	5	2	5	5	3	3
Capacidades coordenativas	4	5	5	5	5	4	3	2	3	3	3	4	2
Escala de valores: 5– Zona de desenvolvimento elevado. 4– Zona de desenvolvimento adequado. 3– Zona de desenvolvimento estável. 2– Zona de desenvolvimento inadequado.													

Tabela 3 – Distribuição das diferentes zonas de desenvolvimento (períodos sensitivos) das capacidades físicas por idades para o sexo masculino, segundo A. Collazo Macías, (2003)

Capacidades Físicas	6 anos	7 anos	8 anos	9 anos	10 anos	11 anos	12 anos	13 anos	14 anos	15 anos	16 anos	17 anos	18 anos
Resistência aeróbia	3	5	5	5	3	4	4	3	3	3	4	2	4
Resistência anaeróbia	3	3	4	4	4	4	3	4	4	4	4	4	4
Rapidez de reação	4	5	5	3	3	4	4	2	4	3	3	3	5
Rapidez de transladação	3	5	5	3	5	3	4	4	3	2	5	3	5
Força explosiva de braços	3	4	4	4	4	4	3	5	5	5	5	2	
Força explosiva de pernas	3	5	5	4	4	4	5	4	5	3	5	5	5
Resistência à força de braços	3	3	5	5	3	5	3	2	4	2	2	4	4
Resistência à força rápida abdominal	4	5	4	4	4	2	4	2	4	5	2	4	3
Mobilidade da coluna vertebral	4	5	5	2	4	3	4	2	5	2	3	2	5
Capacidades coordenativas	4	5	4	4	4	4	3	3	3	4	4	4	4
Escala de valores: 5– Zona de desenvolvimento máximo. 4– Zona de desenvolvimento adequado. 3– Zona de desenvolvimento estável. 2– Zona de pouco desenvolvimento.													

- *Princípio da necessidade de equilíbrio entre gasto energético e consumo durante a prática de exercícios físicos esportivos*

Este princípio faz referência à constante necessidade que demanda na realização de exercícios com caráter sistemático e contínuo na manutenção de um equilíbrio energético entre a quantidade e qualidade dos alimentos que se consomem e o gasto energético que tem lugar durante a realização dos exercícios físicos.

Se conhece que as pessoas que praticam esportes geralmente têm um elevado gasto energético, a magnitude do gasto depende fundamentalmente da duração, intensidade e características tipológicas do esforço físico que se realiza.

Quando o consumo de nutrientes é superior ao gasto energético do organismo, este tende a subir de peso corporal; mas quando o gasto é superior ao consumo, então se baixa consideravelmente de peso corporal, ambos os aspectos podem limitar o rendimento esportivo, dessa forma observamos a importância que há em manter o equilíbrio energético quando realizamos atividades físico esportivas.

Os alimentos proporcionam a energia química que posteriormente é transformada em energia mecânica. Os alimentos proporcionam ao organismo substâncias nutritivas como os hidratos de carbono, glicídios, lipídios ou gorduras, proteínas, vitaminas, minerais e água, de onde provêm as energias que possibilitam os esforços físicos.

Com o objetivo de manter o equilíbrio energético, se determina qual é o gasto energético de determinada atividade esportiva, expressadas em calorias (representa a quantidade de calor necessário para elevar em um grau centígrado a temperatura de um grama de água), então se determina a quantidade de calorias a consumir, conhecendo claramente as calorias que oferecem determinados alimentos, partindo do tipo de alimento e da quantidade.

É muito difícil determinar com exatidão a quantidade de calorias que deve consumir um esportista, pois ainda dentro de um mesmo tipo de esporte os atletas realizam funções diferentes, no entanto existem estimativas de consumo diário para atletas de alto rendimento esportivo (entre 4.500 e 4.600 calorias). Estas estimativas são relativas, pois aqui influenciam múltiplos fatores, tais como: peso corporal, altura, sexo, idade, temperatura ambiental, tipo de metabolismo do sujeito, entre outros.

O importante em tudo isto é cumprir com este princípio durante a prática dos exercícios físicos e dos esportes, consumir uma dieta rica em nutrientes que garantam a suficiente contribuição calórica que demanda o tipo de atividade a ser realizada, atendendo à duração e à intensidade da mesma e controlar sistematicamente o peso corporal do atleta e a influência deste no rendimento esportivo.

1.5 – Gráfico 1. Classificação das capacidades físicas motoras

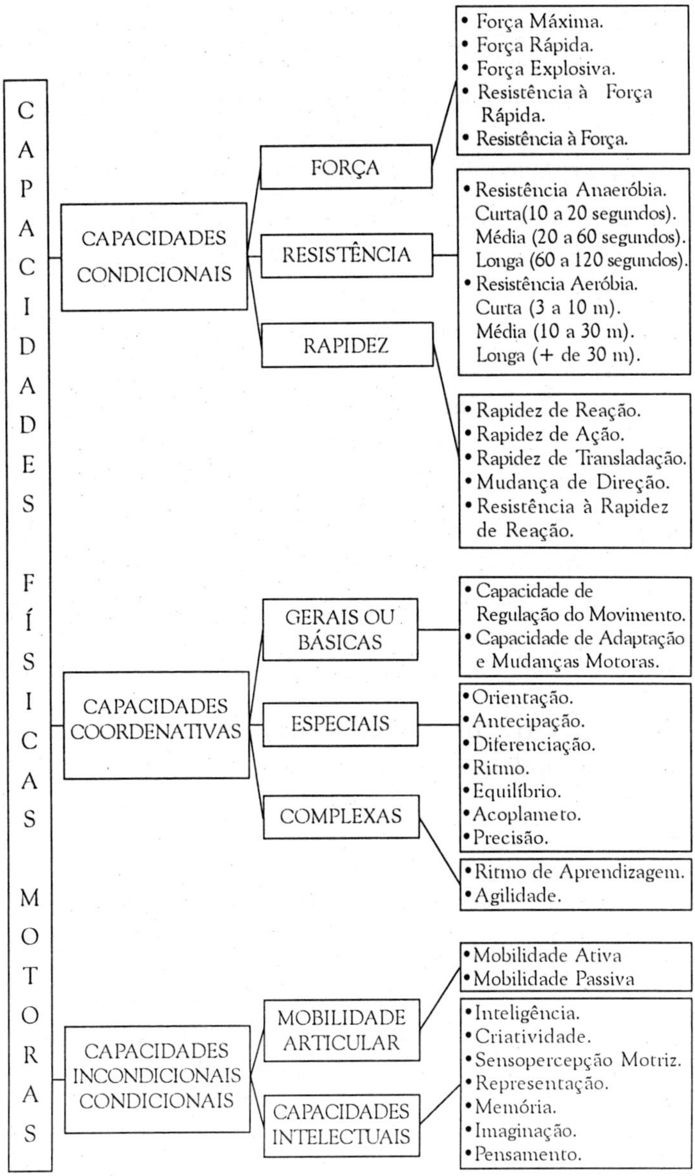

1.6 – As capacidades físicas como direções do treinamento

As diferentes modalidades de capacidades físicas constituem direções do treinamento. Estas direções permitem ao treinador orientar-se muito melhor na planificação das mesmas, assim como poder quantificar as cargas com maior efetividade.

A planificação das cargas à partir dos componentes da preparação do esportista não orienta de forma específica e detalhada ao treinador do processo de distribuição das cargas durante um período de tempo determinado. As direções do treinamento, como seu nome indica, permite organizar melhor o trabalho da planificação, já que cada uma delas reflete em um conjunto de particularidades que permitem guiar o treinador quanto à dosagem dos conteúdos que a caracterizam.

As direções do treinamento esportivo se classificam em direções de caráter físico, técnico-tático, psicológico, teóricas e educativas. Nesta epígrafe só trataremos das de caráter físico por sua relação com o tema.

Principais traços que caracterizam as direções do treinamento de caráter físico.

- *Força máxima*

- É o maior peso que pode suportar ou levantar um indivíduo.
- Para seu desenvolvimento é preciso pesos que oscilem entre 80 e 100% da força máxima em um determinado exercício.
- É uma direção do sistema anaeróbio alactado, pelo qual sua duração não deve exceder além dos 10 segundos de trabalho.
- Seu objetivo fisiológico está no engrossamento das miofibrilas musculares.

- O tempo de recuperação entre repetições deve estar entre 1 - 3 minutos.
- O tempo de recuperação entre séries deve estar entre os 3 - 5 minutos.
- Utiliza como substrato energético predominante o ATP muscular e o Creatin fosfato.
- Não produzem concentrações de lactato.

- *Força rápida*

- É a capacidade do sistema neuromuscular para vencer uma oposição com elevada rapidez de contração.
- Para seu desenvolvimento com pesos deve se trabalhar com 60 – 79% da força máxima que se tenha em determinado exercício.
- Se pode trabalhar com pesos também, entre 30 – 59% da força máxima de um exercício dado, mas deve se realizar com uma velocidade máxima de execução.
- É uma direção do sistema anaeróbio alactado, pelo qual sua duração não deve exceder além dos 10 segundos de trabalho.
- Seu objetivo fisiológico está em desenvolver a rapidez dos processos de contração e relaxamento muscular.
- O tempo de recuperação entre repetições deve estar entre 1 – 3 minutos.
- O tempo de recuperação entre séries deve estar entre os 3 – 5 minutos.
- Utiliza como substrato energético predominante o ATP muscular e o Creatin fosfato.
- Não produzem concentrações de lactato.

- *Força explosiva*

- Capacidade do sistema neuromuscular para realizar ações explosivas de cárater tônico ou balístico, com o próprio peso corporal ou objeto externo e que não está precedida de algum movimento.
- Sua característica fundamental é a explosão dos movimentos que se vai realizar.
- É uma direção do sistema anaeróbio alactado, e sua duração não deve exceder além dos 3 segundos, pois esta direção utiliza como energia o ATP muscular.
- Seu objetivo fisiológico está em desenvolver a capacidade de impulso de algum plano muscular de nosso próprio corpo ou objeto externo.
- A força explosiva não pode estar precedida de algum tipo de movimento, porém parte sempre de uma posição estática.
- Não produzem concentrações de lactato.
- Para seu desenvolvimento geralmente se utilizam exercícios que requerem grande explosão (saltos, lançamentos, arrancadas no bloco de partida).

- *Resistência à força rápida*

- Capacidade do organismo para resistir com rendimento adequado à rápidas ações motoras durante um tempo demorado que oscila entre os 10 e 180 segundos.
- É a capacidade ideal para o desenvolvimento de qualquer modalidade esportiva, seu desenvolvimento é sinônimo de força esportiva.
- Para seu desenvolvimento com pesos deve se trabalhar com 60 – 79% da força máxima que se tenha em determinado exercício, é igual à força rápida, mas a

diferença é que aqui o tempo de duração deve oscilar entre 10 – 90 segundos.

- Se pode trabalhar com pesos também, entre 30 – 59% da força máxima de um exercício dado, mas devem ser realizados com uma velocidade máxima de execução e um tempo de duração que oscile ente os 90 – 180 segundos.
- Seu objetivo fisiológico está em buscar a ativação da maior quantidade possível de miofibrilas musculares e ações rápidas.
- É uma direção que gera grandes concentrações de ácido láctico (superior à 12 mmol/l.).
- O tempo de recuperação entre repetições deve oscilar entre os 3 – 5 minutos.

- *Resistência à força*

- Capacidade do organismo para resistir ao cansaço que provocam os esforços de força prolongados, superiores aos 3 minutos.
- Para seu desenvolvimento com pesos deve se trabalhar com menos de 45% da força máxima que se tenha em determinado exercício, em um tempo de duração superior aos 90 segundos e com um ritmo de execução lento, pois superior a esta porcentagem, as cargas geram altas tensões musculares, o que não permite a vaso-dilatação e com isto o fluxo sanguíneo, impossibilitando o transporte de mioglobina e com isto o desenvolvimento da resistência à força.
- Seu objetivo fisiológico está na ativação da maior quantidade de miofibrilas musculares.
- É uma direção que gera poucas concentrações de ácido láctico (inferior aos 4 mmol/l.).

- O tempo de recuperação entre repetições não devem assegurar a recuperação completa do organismo. Exemplo: Se começamos um exercício desta natureza com uma freqüência cardíaca de 130 p/m, então, a próxima repetição não deve garantir a recuperação completa.

- *Resistência anaeróbia de curta duração*

- Capacidade do organismo para realizar trajetos de velocidade com tempo de duração que oscile entre os 10 – 20 segundos de trabalho.
- É uma direção que gera certas concentrações de ácido láctico.
- Seu objetivo fisiológico está em desenvolver a capacidade do organismo para realizar exercícios à máxima velocidade sem presença de oxigênio.
- O tempo de recuperação entre repetições deve oscilar entre os 3 – 5 minutos.
- O tempo de recuperação entre séries deve ser maior aos 5 minutos.
- Para seu desenvolvimento geralmente se utilizam exercícios de corridas de velocidade máxima que oscilem em um tempo entre os 10 e os 20 segundos.

- *Resistência anaeróbia de média duração*

- Capacidade do organismo para realizar corridas de velocidade com tempo de duração que oscile entre os 20 – 60 segundos de trabalho.
- É uma direção que gera altas concentrações de ácido láctico.
- Seu objetivo fisiológico está em desenvolver a capacidade do organismo para realizar exercícios à máxima velocidade sem presença de oxigênio.

- O tempo de recuperação entre repetições deve oscilar entre os 4 – 6 minutos.
- O tempo de recuperação entre séries deve ser maior aos 6 minutos.
- Para seu desenvolvimento geralmente se utilizam exercícios de corridas de velocidade submáxima que oscilem em um tempo entre os 20 e os 60 segundos.

- *Resistência anaeróbia de longa duração*

- Capacidade do organismo para realizar corridas de velocidade com tempo de duração que oscile entre os 60 – 120 segundos de trabalho.
- É uma direção que gera altas concentrações de ácido láctico.
- Seu objetivo fisiológico está em desenvolver a capacidade do organismo para realizar exercícios à máxima velocidade sem presença de oxigênio.
- O tempo de recuperação entre repetições deve oscilar entre os 4 – 6 minutos.
- O tempo de recuperação entre séries deve ser maior aos 6 minutos.
- Para seu desenvolvimento geralmente se utilizam exercícios de corridas de velocidade moderada que oscilem em um tempo entre os 60 e os 120 segundos.

- *Resistência aeróbia de curta duração*

- Capacidade do organismo para realizar corridas de resistência com tempo de duração que oscile entre os 3 – 10 minutos de trabalho.
- É uma direção que não gera altas concentrações de ácido láctico.

- Seu objetivo fisiológico está em desenvolver a capacidade do organismo para realizar exercícios com uma duração superior aos 3 minutos de trabalho (com certa eficácia) em presença de oxigênio.
- Para seu desenvolvimento geralmente se utilizam exercícios de corridas de resistência aeróbia que oscilem em um tempo entre os 3 – 10 minutos, as mesmas podem ser de caráter variável, invariáveis ou intervaladas.

- *Resistência aeróbia de média duração*

- Capacidade do organismo para realizar corridas de resistência com tempo de duração que oscile entre os 10 – 30 minutos de trabalho.
- É uma direção que não gera altas concentrações de ácido láctico.
- Seu objetivo fisiológico está em desenvolver a capacidade do organismo para realizar exercícios com uma duração superior aos 10 minutos de trabalho (com certa eficácia) em presença de oxigênio.
- Para seu desenvolvimento geralmente se utilizam exercícios de corridas de resistência aeróbia que oscilem em tempo entre os 10 – 30 minutos, as mesmas podem ser de caráter variável, invariáveis ou intervaladas.

- *Resistência aeróbia de longa duração*

- Capacidade do organismo para realizar corridas de resistência com tempo de duração superior aos 30 minutos de trabalho.
- É uma direção que não gera altas concentrações de ácido láctico.

- Seu objetivo fisiológico está em desenvolver a capacidade do organismo para realizar exercícios com uma duração superior aos 30 minutos de trabalho (com certa eficácia) em presença de oxigênio.
- Para seu desenvolvimento geralmente se utilizam exercícios de corridas de resistência aeróbia que oscilem em um tempo superior a 30 minutos, as mesmas podem ser de caráter variável, invariáveis ou intervaladas.

- *Rapidez de reação*

- Capacidade do sistema neuromuscular para reagir no menor tempo possível ante um estímulo externo.
- Utiliza com substrato energético predominante o ATP muscular.
- Seu tempo de duração é menor à 3 segundos de trabalho.
- Seu objetivo fisiológico está em desenvolver a capacidade do organismo para reagir ante estímulos externos no menor tempo possível.
- Não produzem concentrações de lactato.
- Para seu desenvolvimento geralmente se utilizam exercícios de arrancadas curtas e corridas com mudanças de direção.

- *Rapidez de ação*

- Capacidade do sistema neuromuscular para transladar um segmento muscular de um lugar a outro em menor tempo possível.
- Utiliza como substrato energético predominante o ATP muscular e o creatin fosfato.
- Seu tempo de duração é de 10 segundos de trabalho.

- O tempo de recuperação entre repetições deve estar entre 1 – 3 minutos.
- O tempo de recuperação entre séries deve estar entre os 3 – 5 minutos.
- Não produzem concentrações de lactato.
- Para seu desenvolvimento geralmente se utilizam exercícios de arrancadas curtas e corridas de máxima velocidade.

- *Rapidez de transladação*

- Capacidade do sistema neuromuscular para transladar-se de um lugar a outro no menor tempo possível.
- Utiliza como substrato energético predominante o ATP muscular e o creatin fosfato.
- Seu tempo de duração é de 10 segundos de trabalho.
- Seu objetivo fisiológico está em desenvolver a capacidade do organismo para transladar-se de um lugar a outro no menor tempo possível.
- O tempo de recuperação entre repetições deve estar entre 1 – 3 minutos.
- O tempo de recuperação entre séries deve estar entre os 3 – 5 minutos.
- Não produzem concentrações de lactato.
- Para seu desenvolvimento geralmente se utilizam exercícios de arrancadas curtas e corridas de máxima velocidade.

- *Resistência à rapidez de reação*

- Utiliza como substrato energético predominante o glucógeno muscular.
- Seu tempo de duração é de 10 – 30 segundos de trabalho.

- Seu objetivo fisiológico está em desenvolver a capacidade do organismo para resistir com certa rapidez de reação a constantes mudanças de direção.
- O tempo de recuperação entre repetições deve estar entre 3 – 5 minutos.
- O tempo de recuperação entre séries deve ser superior aos 5 minutos.
- Produzem concentrações elevadas de lactato.
- Para seu desenvolvimento geralmente se utilizam exercícios de arrancadas curtas com mudanças de direção constante.

- *Mobilidade articular*

- Seu tempo de duração é relativo, pois pode se trabalhar sempre e quando o atleta considere oportuno desenvolvê-la.
- Seu objetivo fisiológico está em desenvolver a capacidade do organismo para realizar grandes amplitudes de movimentos articulares.
- Em cada repetição do exercício que se execute deve manter-se a posição por mais de 5 segundos.
- Não produzem concentrações de lactato no sangue.
- É uma capacidade que condiciona o desenvolvimento das demais capacidades físicas.

- *Agilidade*

- Utiliza como substrato energético predominante o ATP muscular e o creatin fosfato.
- Seu tempo de duração é de 10 segundos de trabalho.

- Seu objetivo fisiológico está em desenvolver a capacidade do organismo para transladar-se de um lugar a outro no menor tempo possível entre, sobre e com obstáculos.
- O tempo de recuperação entre repetições deve estar entre 1 – 3 minutos.
- O tempo de recuperação entre séries deve estar entre os 3 – 5 minutos.
- Não produzem concentrações de lactato.
- Para seu desenvolvimento geralmente se utilizam exercícios que compreendem rapidez de reação, de translação, coordenação intramuscular e intermuscular.

- *Capacidades coordenativas*

- Utiliza como substrato energético predominante o ATP muscular e o creatin fosfato.
- É uma capacidade que requer que o sistema nervoso central esteja o menos esgotado possível, por isso é recomendável desenvolver esta capacidade ao início da sessão ou aula de treinamento.
- Para seu desenvolvimento geralmente se utilizam exercícios variados e combinados, que garantem esforços que requerem alta concentração e de grandes grupos musculares postos em ação.
- É importante desenvolver em maior medida aquelas capacidades coordenativas que mais se evidenciam dentro da modalidade esportiva praticada.

- *Técnico – tático*

- É necessário selecionar todas aquelas direções específicas que constituam objetivos de trabalho dentro do componente técnico tático do esporte praticado, tratando de fazer quantificado cada uma delas.

- *Preparação teórica*

- Se fundamenta sobre a base da constante aquisição de conhecimentos relacionados com o esporte motivo de treinamento.
- É necessário transmitir conhecimentos e experiências que impliquem conteúdos de cultura geral, pois de uma forma ou de outra influenciam na preparação em questão.
- É necessário que o atleta conheça o porquê do que faz.

- *Preparação psicológica*

- É necessário que o treinador trabalhe esta direção partindo da relação que se estabelece entre as características psicológicas que exige a modalidade esportiva praticada e as características psicológicas da personalidade de cada atleta, conseguindo para isso, desenvolver as características da personalidade de cada atleta em função do esporte.

CAPÍTULO 2

FUNDAMENTOS BÁSICOS PARA TREINAMENTO DA RESISTÊNCIA

2.1 – Definição do conceito de resistência como capacidade física do homem

A resistência é considerada como a base de todas as capacidades físicas. Em termos da própria natureza do homem esta é a capacidade que mais necessita um ser humano para viver, tanto é assim que é a última que perdemos. Também é certo que seu desenvolvimento depende muito da força que tenha um indivíduo, no entanto, ao começar qualquer tipo de treinamento se faz necessário criar uma base aeróbia no organismo do atleta e isto só é possível graças ao desenvolvimento da resistência.

Agora, para adentrarmos neste tema é necessário abordar algumas definições expostas por vários autores a respeito do conceito que têm de resistência.

Tabela 4 – Relação de definições de resistência segundo o critério dos autores

Autor e ano	Definição de Resistência que assumem
Ozolin, 1970	Desde o ponto de vista fisiológico, a resistência se caracteriza como a capacidade de realizar um trabalho prolongado ao nível de intensidade requerido, como capacidade para lutar contra a fadiga.
Frei, 1977	*Resistência geral psíquica:* capacidade do esportista que se obriga a suportar uma carga de treinamento sem interrupção e o maior tempo possível. *Resistência geral física:* capacidade de todo o organismo ou somente de uma parte, para resistir à fadiga.
Ariel Ruiz Aguilera, 1985	Capacidade física condicional que se manifesta ao realizar-se uma atividade física duradoura sem diminuir seu rendimento.
Erwin Hahn, 1988	Capacidade do homem para suportar o cansaço durante esforços esportivos.
Forteza e Ranzola, 1988	Capacidade de realizar um trabalho com efetividade.
Menshikov e Volkov, 1990	Desde o ponto de vista bioquímico, a resistência se determina pela relação entre a magnitude das reservas energéticas acessíveis para a utilização e a velocidade de consumo de energia durante a prática esportiva. $\text{Resistência} = \frac{\text{Reserva de energia} \quad (J)}{\text{Velocidade consumo de energia} \quad (J/Min)}$
Fritz Zintl, 1990	Capacidade de resistir psíquica e fisicamente a uma carga durante longo tempo produzindo-se finalmente um cansaço insuperável devido à intensidade e duração da mesma e recuperar-se rapidamente depois de esforços físicos e psíquicos.
Weineck, 1992	Capacidade psíquica e física que possui um esportista para resistir à fadiga.
Renato Manno, 1994	Capacidade de resistir à fadiga em trabalhos de prolongada duração.
Adalberto Collazo, 2002	Capacidade que possui o homem para resistir ao esgotamento físico e psíquico que produzem as atividades físico esportivas de prolongada duração, e que está condicionada por fatores externos e internos à ele.

Depois de haver analisado os conceitos anteriores, dados por diferentes autores, vemos que existe uma estreita relação entre os aspectos que constituem o fator comum da capacidade de resistência, segundo os critérios abordados, tais como: rendimento, fadiga ou cansaço, recuperação, reservas energéticas do organismo e esforços volitivos.

Em nosso critério a resistência no organismo humano é uma capacidade condicional que se desenvolve com o trabalho sistematicamente dosado e com caráter progressivo no tempo, que se sustenta em determinadas condições hereditárias, manifestando-se no rendimento físico esportivo do atleta como a possibilidade de retardar a aparição da fadiga ou cansaço e uma vez diminuído o rendimento, consegue uma rápida recuperação, onde é imprescindível ter as reservas energéticas e os esforços volitivos que exigem as atividades que caracterizam este tipo de trabalho no treinamento esportivo.

Como havemos podido apreciar em todas estas definições existe um fator limitante no rendimento desta capacidade, o qual impossibilita sua ótima continuidade no trabalho. Este fator limitante é o cansaço que provocam as atividades físico esportivas, a qual se define como a diminuição transitória da capacidade de rendimento devido a múltiplos fatores, os quais foram expostos por Fritz Zintl, (1990), da seguinte maneira:

- Diminuição das reservas energéticas, (fosfocreatina e glicógeno).
- Acumulação de substâncias intermediárias e terminais do metabolismo, como são o ácido láctico e a uréia.
- Inibição da atividade enzimática por sobreacidez ou mudanças na concentração das enzimas.
- Deslocamentos de eletrólitos. (Por exemplo, o potássio e o cálcio da membrana celular.)

- Diminuição dos hormônios pelo esforço forte e contínuo (Exemplo, a adrenalina e a noradrenalina como substâncias de transmissão, a dopamina no SNC.)
- Mudança nos órgãos celulares e no núcleo da célula. (Por exemplo, as mitocôndrias.)
- Processos inibidores a nível do sistema nervoso central pela monotonia das cargas.
- Mudanças na regulação à nível celular dentro de cada um dos sistemas orgânicos.
- Como conseqüência de todos estes fatores que limitam o desenvolvimento da resistência aparece um grupo de sintomas de cansaço subjetivo e objetivo.

Tabela 5 – Sintomas de cansaço (modificado segundo Findersen e col. 1980)

Sintomas subjetivos de cansaço	**Sintomas objetivamente verificados de cansaço**
Brilho intenso nos olhos Zumbido nos ouvidos Sufocação Enjôo Decadência Apatia diante de estímulos exteriores Dor muscular	Diminuição do rendimento esportivo Término da força muscular, maior tempo refratário, elevação do limite de estimulação, diminuição das respostas de reflexo, tremor muscular, interferências coordenativas Desvio eletrolítico, aumento do lactato, modificações do pH, diminuição do glucógeno, modificação do equilíbrio endócrino Modificação da atividade das correntes cerebrais. Diminuição do rendimento ao tentar trabalhar. Diminuição de concentração e atenção, pioras da capacidade perceptiva.

Nas diferentes modalidades esportivas podem evidenciar-se várias formas de cansaço, tais como:

- Cansaço físico: redução reversível da função do músculo esquelético.
- Cansaço mental: parada transitória da capacidade de concentração.
- Cansaço sensorial: diminuição transitória da percepção sensorial (sobretudo visual, auditiva e tátil).
- Cansaço motor: (coordenação), redução transitória da emissão de estímulos motores através do SNC.
- Cansaço motivacional: (ânimo), ausência dos estímulos volitivos ou bens emocionais para o rendimento esportivo.

Funções fundamentais da Resistência

Cada modalidade esportiva requer do desenvolvimento um tipo determinado de resistência. Para o desenvolvimento da mesma se faz necessário levar em conta as exigências do esporte, assim como suas principais características, por isso é indispensável levar em consideração:

- Se são movimentos cíclicos ou acíclicos.
- Se o sistema de trabalho é contínuo ou descontínuo.
- Duração da atividade esportiva.
- As características biomecânicas e psicológicas da atividade esportiva.

Dentro das funções mais importantes desta capacidade se encontram, segundo F. Zintl, 1990, as seguintes:

- Manter durante o máximo tempo possível uma boa intensidade ao longo da duração estabelecida da carga.
- Manter ao mínimo as perdas inevitáveis de intensidade quando se trata de cargas prolongadas.
- Aumentar a capacidade de suportar as cargas quando se afronta uma quantidade volumosa de carga durante os treinamentos e as competências.
- Recuperação acelerada depois das cargas.
- Estabilização da técnica esportiva e da capacidade de concentração no esportes tecnicamente mais envolvidos.

2.2 – Gráfico 2 – Estrutura típica da capacidade de resistência

Tabela 6 – Estruturação da Resistência segundo diferentes critérios de classificação. (F. Zintl, 1990.)

Critério	Nome	Característica	Fonte / Autor
Pelo volume da musculatura implicada	Resistência local	<1/3 da musculatura	Saziorski
	Resistência regional	1/3 a 2/3 da musculatura	
	Resistência global	> 2/3 da musculatura	
	Resistência local	< 1/6 – 1/7 da musculatura	Hollmann/ Hettinger
	Resistência geral	> 1/6 – 1/7	
Pelo tipo de via energética mais utilizada	Resistência aeróbia	Frente a uma oferta de oxigênio suficiente	Hollmann/ettinger
	Resistência anaeróbia	Sem participação de oxigênio	
Pela forma de trabalho da musculatura esquelética	Resistência dinâmica Resistência estática	Frente a mudanças contínuas entre contração e relaxamento em contrações prolongadas.	Hollmann/ Hettinger
Pela duração da carga no caso de máxima intensidade de carga possível	Resistência de duração: Curta Mediana Longa I Longa II Longa III Longa IV	35" a 2 min. 2 a 10 min. 10 a 35 min. 35 a 90 min. 90 min. a 6 horas. Mais de 6 horas	Harre/Pfeifer
Pela relação com outras capacidades de condição física ou de situações benéficas de carga	Força resistência	Porcentagem de força Max. 30 – 80%.	Nett Matwejew
	Resistência força explosiva	Realização explosiva do movimento	
	Velocidade Resistência	Velocidades submáximas	
	Resistência Sprint	Velocidades máximas	
	Resistência de jogo esportivo, luta	Fases de carga variáveis	
	Resistência polidisciplinar	Densidade de carga elevada ou de benefício da inter-relação motora	

Continua.....

Continuação

Importância para a capacidade de rendimento específico do esporte praticado	Resistência de base (geral)	Possibilidades básicas para diferentes atividades motoras esportivas	Saziorski, Nobatnikowa, Martin
	Resistência específica	Adaptação a estrutura de resistência de uma modalidade de resistência	

São muitas as formas de resistência (ou tipos) que encontramos na literatura atual, por isso é muito difícil determinar uma só forma, pois cada uma destas classificações estão sustentadas desde diferentes pontos de vista, segundo o critério de vários autores. Tabela 4.

Pelo caráter do conteúdo do exercício

A resistência neste sentido, pode ser subdividida em resistência geral e especial, e sempre estará determinada pelas características do tipo de exercício a realizar em correspondência do esporte praticado.

Por exemplo, uma corrida de 2.000 metros pode servir para melhorar tanto a resistência geral como a especial, posto que depende totalmente do tipo de esporte, é geral, por exemplo, para os esportes com bolas, no entanto para um corredor médio fundo esta carga pode constituir de caráter especial.

Entendemos por *resistência geral*, todos aqueles exercícios que servem de base ao desenvolvimento aeróbico na preparação do esportista, que cria o alicerce para o bom condicionamento físico na consecução da forma esportiva. Porém a *resistência especial*, são todos aqueles exercícios que em presença de oxigênio se realizam tendo certa semelhança com as exigências aeróbicas do esporte praticado.

Pelo sistema energético maior utilizado

Neste sentido, se conhece a classificação da resistência aeróbica e a anaeróbica.

A aeróbica é quando realizamos exercícios de resistência em presença de oxigênio, entretanto a anaeróbica significa o contrário. Na prática competitiva raras vezes podemos encontrar as duas formas de uma maneira pura. (Tabela 7.)

Tabela 7 – Porcentagens das vias aeróbia e anaeróbia, segundo Suslow, 1971

Vias	100 m	200 m	400 m	800 m	1.000 m	1.500 m	5.000 m	10.000 m	Maratona
Aeróbia	5	10	25	45	50	65	90	95	99
Anaeróbia	95	90	75	55	50	35	10	5	1

Em esforços de resistência aeróbica existe presença suficiente de oxigênio para a oxidação do glucógeno e dos ácidos graxos, que mediante múltiplas reações permitem a degradação dos depósitos energéticos até cair H_2O e CO_2, os quais são expulsos do organismo através da sudoração, a urina e a respiração.

Esta resistência aeróbia foi dividida por Hollmann e Hettinger com relação ao tempo de trabalho em:

- Resistência aeróbia de curta duração (3 a 10 minutos).
- Resistência aeróbia de média duração (de 10 a 30 minutos).
- Resistência aeróbia de longa duração (mais de 30 minutos).

É de grande relevância para a resistência de curta duração os níveis de concentração de ácido láctico no sangue, para a média duração o nível de limite anaeróbio e para a carga de longa duração os depósitos de glucógenos e a qualidade dos processos metabólicos do organismo.

Por outro lado, a resistência anaeróbia está presente quando não existe uma contribuição significativa de oxigênio para o processo de oxidação, a transformação anaeróbia em energia tem lugar a partir da glicose anaeróbia. O glucógeno se converte em glicose, cada uma das moléculas de glicose dão lugar a de moléculas de ATP. Se ao finalizar esta fase o organismo tiver oxigênio suficiente, então o piruvato e a NaDh que se gera penetra nas mitocôndrias das células musculares, dando passagem ao metabolismo aeróbico. Pelo contrário, se não existe oxigênio suficiente, tanto o piruvato como o NaDH não penetram nas mitocôndrias, trazendo consigo a formação do ácido láctico e como conseqüência este composto acidifica os tecidos musculares, provocando assim a fadiga e o esgotamento desses tecidos. A resistência anaeróbia foi dividida por Hollmann e Hettinger com relação ao tempo de trabalho em:

- Resistência anaeróbia de curta duração (até 20 s.).
- Resistência anaeróbia de média duração (até 60 s.).
- Resistência anaeróbia de longa duração (até 120 s.).

Pelo modo de trabalho do músculo esquelético

Com relação ao modo de trabalho do músculo esquelético se pode distinguir dos tipos de resistência: A estática e a dinâmica.

Estas duas formas de resistência se diferenciam basicamente na influência do potencial de treinamento que gera a estrutura motriz da carga física aplicada, assim como as características do sistema de trabalho empregado. Por exemplo, F. Zintl, 1990, propôs que um trabalho de resistência estático provoca uma redução da irrigação sanguínea a nível capilar, esta irrigação já se altera a partir de 15% da tensão muscular máxima e depois de 50% se reduz uma parada na irrigação sanguínea, devido a tensão muscular que não permite a vasodilatação e com isto o fluxo sanguíneo e a transportação do oxigênio à celula.

Pelo contrário, o trabalho dinâmico de resistência garante durante um maior tempo a irrigação sanguínea e uma participação aeróbia mais elevada.

A resistência estática está estreitamente vinculada com a resistência à força e a resistência dinâmica mais vinculada à resistência anaeróbia e aeróbia.

Pelo volume da musculatura implicada

Neste sentido, Saziorski faz referência a três tipos de resistência a partir do volume da musculatura implicada, ou seja, as classifica levando em conta a quantidade de músculos ou planos musculares implicados durante a atividade física. Denomina resistência local aquela que só implica um terço da musculatura do homem, resistência regional quando emprega entre um e dois terços da musculatura, e finalmente define resistência global quando aparece implicado mais de dois terços da musculatura do atleta. Tabela 2.

Pela duração da carga física e como forma básica para o trabalho no treinamento esportivo

Neste aspecto são várias as classificações que oferecem alguns autores para o trabalho da resistência, a mais generalizada de todas elas é precisamente a exposta por Hollmann e Hettinger, a qual foi abordada anteriormente.

Esta classificação permite ao treinador determinar a direção de treinamento a desenvolver em dependência com as exigências do esporte praticado, tendo em conta para isso as características dos atletas e a etapa em que se encontra a preparação. Além disso a consideramos muito prática para a planificação das cargas durante um processo de treinamento. Gráfico 1.

Atualmente muitos autores quando se referem à resistência (tanto anaeróbia como aeróbia) somente falam de determinados conceitos que especializam o tipo de resistência em função do tempo de duração do esforço e a energia que se utiliza para o metabolismo.

A maioria dos autores do tema, tem distinguido conceitos básicos neste sentido, nos referimos à capacidade e potência, no entanto, Navarro (1994), propõe utilizar outro conceito denominado eficiência aeróbica.

Mishchenko e Monogarov (1995), definem que a capacidade "reflete as dimensões das reservas aproveitáveis de substâncias energéticas ou o total de mudanças metabólicas produzidas durante o trabalho, ou total de energia disponível nas vias energéticas", entretanto a potência "reflete as mudanças de velocidade de liberação de energia nos processos metabólicos", em outras palavras, indica a maior quantidade de energia por unidade de tempo que pode produzir através de uma via energética. Por último, e para fazer referência à eficiência aeróbica, podemos adicionar que esta demonstra o grau em que a energia liberada durante a atividade dos processos metabólicos se aproveitam para realizar um trabalho determinado.

Neste aspecto, Navarro (1994), propõe a seguinte tabela.

Tabela 8 – Características e duração das diferentes manifestações da resistência

Potência aláctica	0 a 10 seg.	Ponto máximo da degradação do creatin-fosfato. Potência metabólica máxima
Capacidade aláctica	0 a 20 seg.	Duração máxima na potência aláctica se mantém a nível muito estendido
Potência glucolítica	0 a 45 seg.	Ritmo máximo de produção de lactato
Capacidade glucolítica	60 a 90 seg.	Duração máxima em que a glicose opera como fonte principal de fornecimento de energia
Potência aeróbica Capacidade aeróbica	120 a 180 seg. 120 a 360 seg.	Duração mínima para alcançar o VO_2max Manutenção do VO_2max. Em um certo número de repetições
Eficiência aeróbica	600 a 1800 seg.	Steady State. Manutenção da velocidade correspondente ao limite anaeróbio

2.3 – Principais fatores que condicionam o desenvolvimento da resistência

O desenvolvimento da resistência como capacidade física vital no homem está condicionada por um conjunto de fatores internos e externos, (gráfico 3). A estrutura e funcionamento destes fatores determinam evidentemente seu desenvolvimento na vida do homem. O conhecimento de todos estes fatores proporciona ao treinador ou professor maiores possibilidades para compreender sua evolução e desenvolvimento durante uma etapa determinada de preparação e certamente, seu aperfeiçoamento no tempo.

Gráfico 3

RESISTÊNCIA

FATORES INTERNOS

- Proporção de fibras lentas (ST) no organismo do atleta
- Proporção das reservas energéticas celulares, da atividade enzimática e dos mecanismos hormonais de regulação
- Capacidade cardiovascular do organismo
- Desenvolvimento da força muscular do indivíduo

FATORES EXTERNOS

- Determinadas condições subjetivas para seu desenvolvimento
- Características geográficas do lugar de residência do indivíduo
- Características psicológicas da personalidade do indivíduo

Principais características dos fatores internos que condicionam o desenvolvimento da resistência

- *Proporção de fibras lentas (ST) no organismo do atleta*

Cientificamente ficou demonstrado que existe uma estreita relação entre o por cento de fibras lentas (ST) e o VO_2max. (máximo consumo de oxigênio), este último é considerado um parâmetro importante na medição do nível de resistência geral aeróbia de um indivíduo.

As principais características deste tipo de fibras lentas (Slow twitch) às que também se lhes denominam fibras vermelhas, são entre outras:

1. Sua riqueza em enzimas aeróbicas (do metabolismo do glicógeno e das graxas).
2. Maior quantidade e tamanho de mitocôndrias.
3. Maior quantidade de mioglobina.
4. Maior quantidade de reservas do glicógeno e depósitos dos triglicéridos.

5. São fibras de contração lentas.
6. São resistentes ao cansaço.
7. Têm baixos limites de excitação.
8. Possuem grandes quantidades de capilares.
9. Possuem poucas reservas de fosfágenos.
10. Possuem grandes quantidades de graxos e hidratos de carbono.

Ao expor as principais características deste tipo de fibra, nos surge uma interrogação que acreditamos ser necessário esclarecer.

Como se distribui os tipos de fibras no organismo humano e em que proporção se encontram formando parte do músculo esquelético?

A distribuição dos tipos de fibras no organismo humano depende evidentemente dos fatores hereditários do indivíduo. Segundo Badtke (1987), a maior parte da população mostra uma correlação de 50 – 60% de ST e 40 – 50% de FT (Fast Twitch), fibras rápidas ou brancas, destas 60% são FTO e 40% de FTG. No entanto, para Hollmann e Hettinger, esta correlação pode chegar a ser de 90:10 ou 10:90, este indivíduos são denominados velocistas natos ou maratonistas por excelência. Além disso com relação a isto se comprovou que durante o treinamento podem variar bastante estas correlações em dependência do tipo de treinamento ao qual se submete o indivíduo.

Na continuação se mostra uma tabela que junta de maneira sintética os níveis de adaptação dos diferentes tipos de fibras musculares ante estímulos específicos de cargas com diferentes direções de trabalho.

Tabela 9 – Reação de adaptação dos tipos de fibras musculares ante estímulo específico de cargas

Treinamento de rapidez, força máxima, força rápida e explosiva.	Treinamento da força resistência e a resistência.
• Aumento da superfície das fibras FT devido à multiplicação dos elementos contráteis. • Multiplicação das enzimas anaeróbicas no plasma celular. • Multiplicação do glicógeno nas fibras FT. • Diferenciação metabólica das fibras FT em direção às FTG. • Diminuição das mitocôndrias. • Retrocesso da capilarização (Número de capilares por fibras) • Aumento do percurso de difusão para o oxigênio devido à hipertrofia. • Provoca em um nível elevado de rendimento um retrocesso das capacidades de resistência aeróbia.	• Aumento da superfície das fibras ST devido a multiplicação e crescimento das mitocôndrias. • Multiplicação das enzimas aeróbicas nas mitocôndrias. • Multiplicação das reservas de mioglobina. • Multiplicação do glucógeno nas fibras ST. • Diferenciação metabólica das fibras FT em direção às FTO. • Incremento da capilarização (Número de capilares por fibras e maior permeabilidade da parede capilar). • Diminuição do percurso de difusão para o oxigênio. • Provoca em um nível elevado de rendimento um retrocesso da rapidez, a força explosiva, a rápida e a máxima.

- *Proporção das reservas energéticas celulares, da atividade enzimática e dos mecanismos hormonais de regulação*

Jakolev (1976), define que no processo bioquímico de adaptação gerado pelo treinamento esportivo a nível celular se desenvolve pela seguinte ordem:

I. Aumento notável das fontes de energia.

II. Aumento da atividade enzimática.

III. Aperfeiçoamento dos mecanismos hormonais de regulação.

I – Aumento notável das fontes de energias

Como é conhecido por todos, o trabalho muscular dispõe de diferentes substratos energéticos, de onde se obtém a energia para a contração muscular. Tabela 6.

Graças à contribuição energética destes diferentes substratos, se faz possível o desenvolvimento da resistência, já que eles proporcionam a energia necessária para realizar atividades físico esportivas de longa duração com um rendimento adequado.

Para elevar a qualidade destes processos adaptativos que tem lugar no organismo, é necessário levar em conta que estes substratos aumentam sua qualidade e quantidade na mesma medida em que se gastam, por isso se quisermos desenvolver esta capacidade teremos que gastar estes substratos em dependência dos níveis que queremos alcançar.

Tabela 10 – Substratos energéticos existentes nas células musculares e algumas de suas características

Depósitos	**Substratos**	**Quantidade de restos fosfagênicos (-P) por cada kg. do músculo**	**Tempo máximo de utilização**
1 Depósito	ATP	6mmol/kg.	2 – 3 seg.
2 Depósito	CP (Creatina-fosfato)	20 a 30 mmol/kg.	7 a 10 seg.
3 Depósito	Glicógeno	270mmmol/kg.	Degradação anaeróbia 45 a 90 seg.
		3000mmmol/kg.	Degradação aeróbia.45 a 90 minutos
4 Depósito	Triglicéridos (Graxos)	50 000mmol/kg.	Várias horas

Para um maior conhecimento do tema é importante destacar que os substratos energéticos podem ter lugar graças a três processos metabólicos básicos:

1. Mediante a reação ATP – CP.
2. Mediante a decomposição do glicógeno (contém a glicose anaeróbia e a aeróbia).
3. Mediante a decomposição dos triglicéridos (graxos e metabolismo de lipídios).

Na prática esportiva a utilização de um mecanismo ou outro, está relacionado com o conteúdo do exercício a realizar, sua intensidade e a duração do mesmo. Com a iniciação do exercício físico estes processos começam a ativar-se em dependência com o nível de exigência do mesmo, todos com um objetivo único, a produção de ATP, desde diferentes formas.

Antes de adentrarmos na análise dos processos anteriormente expressados, devemos esclarecer que no organismo humano, no nível intracelular existe ATP disponível somente para escassos segundos de esforços físicos (2-3 seg.), o que obriga depois deste tempo ao organismo gerar ATP desde outros processos metabólicos.

Reação ATP – Creatina-Fosfato

Este processo possibilita a realização de exercícios de máxima contração muscular até aproximadamente 10 segundos, porém a potência deste sistema se alcança por volta dos 6 – 8 seg. Este sistema é conhecido com o nome dos fosfágenos e também como processo anaeróbio alactático. A equação química pela qual se obtém o ATP neste sistema é a seguinte:

CP + ADP ⟶ C + ATP

Esta reação tem lugar quando a creatina-fostato reage com o adenosim difosfato dando creatina mais adenosina trifosfato.

Nesta reação tem lugar a ressíntese da molécula de ATP a partir da fosfocreatina. Este composto químico se encontra no músculo em uma concentração de 24 a 27 umol/g. Dentro das particularidades que possui esta via metabólica se encontra a de desenvolver-se sem presença de oxigênio, a não presença de dejetos tóxicos e a brevidade de sua duração. Durante um processo de treinamento específico podem aumentar ligeiramente as reservas de fosfágenos, mas em proporções limitadas.

Reação pela decomposição do glicógeno

Glicose anaeróbia

Este processo é conhecido como a glicose e sua essência se determina na transformação do glicogeno em glicose. Esta glicose utilizada como energia pelo organismo chega a produzir ácido pirúvico, este último juntamente com o NaDH reagem produzindo o ácido láctico, dejeto tóxico que limita em certa medida o rendimento esportivo do atleta, sua duração oscila desde os 25 segundos até aproximadamente os dois minutos como energia predominante. Todo este processo é conhecido pelo nome de anaeróbio lactático e sua equação química é a seguinte:

Glicose (Glicógeno) ⟶ Lactato + ATP

A glicose proveniente do glicógeno sem a presença de oxigênio dá passagem à formação do Lactato e seguidamente o ATP.

Dentro das principais características deste processo se encontra os altos índices de freqüência cardíaca (+ 180 p/m) como resultado dos intensos esforços do trabalho físico.

A recuperação daquelas atividades físico esportivas que sua duração está compreendida neste processo deve ser avaliada a partir dos objetivos que o treinador se propõe, características do esporte e do atleta. Alguns autores recomendam de 3 a 5 minutos entre repetição e mais de 5 minutos entre séries.

Glicose aeróbia

Este processo tem a característica fundamental de possuir lugar em presença do oxigênio, é conhecida popularmente como a fase aeróbia da glicose.

A diferença da fase aeróbia da glicose, nesta com a presença de oxigênio, tanto o ácido pirúvico e o NaDH se oxidam para dar CO_2 e H_2O, este mecanismo é conhecido como ciclo de Krebs, mediante o qual se pode chegar a repor até 36 moléculas de ATP. A equação química que identifica esta fase é a seguinte:

$$\text{GLICOSE (Glicógeno)} + O_2 \longrightarrow CO_2 + H_2O + \text{ATP}$$

Esta reação tem lugar quando a glicose proveniente do glicógeno reage com oxigênio e proporciona dióxido de carbono, água e ATP.

Dentro de suas principais características se pode citar que esta fase tem uma duração de aproximadamente 2 a 10 minutos, a freqüência cardíaca aqui diminui em relação à fase anterior, a mesma pode oscilar entre os 160 e os 170 p/m. O gráfico 4 mostra, a seguir, como tem lugar este processo glicolítico.

Gráfico 4

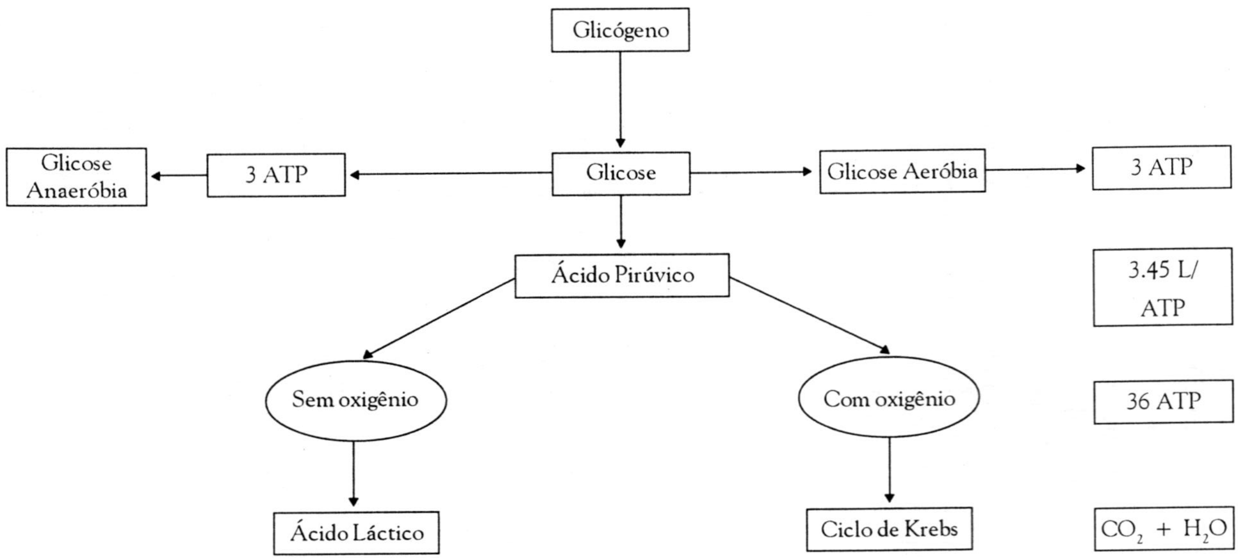
Glicógeno
Glicose
Glicose Anaeróbia
3 ATP
Glicose Aeróbia
3 ATP
Ácido Pirúvico
3.45 L/ ATP
Sem oxigênio
Com oxigênio
36 ATP
Ácido Láctico
Ciclo de Krebs
CO_2 + H_2O

Reação mediante a decomposição dos triglicéridos (graxos)

Este processo conhecido como sistema aeróbio, é considerado como o sistema quantitativamente mais importante na proporção do ATP. A equação química que o identifica é a seguinte:

$$AGL + O_2 \longrightarrow CO_2 + H_2O + ATP$$

Os ácidos graxos livres reagem com oxigênio, dando por sua vez dióxido de carbono, mais água e posteriormente o ATP.

O sistema aeróbio precisa do oxigênio para seu funcionamento e não produz dejetos tóxicos, o que faz que sua duração seja ilimitada no tempo. Seu desenvolvimento depende em grande parte da quantidade de mitocôndrias existentes a nível celular e da capacidade para levar a cabo o intercâmbio gasoso que tem lugar neste componente celular.

Este processo segue a continuação da decomposição de oxigênio, mas neste caso não se transforma em ácido láctico sem que se converta em ácido cítrico ou ciclo de Krebs. Como resultado da formação de $CO_2 + H_2O +$ ATP. Os 180 gramas de glicógeno degradados por esta via podem produzir 39 mols de ATP (36 ATP procedentes do Ciclo de Krebs e 3 ATP da glicose anaeróbia).

Um maratonista em uma competição oficial pode chegar a gastar uns 150 ATP; um mol de ATP libera entre 7 e 12 calorias, pelo que se deduz matematicamente que um maratonista precisa de umas 1.500 calorias para tal esforço, o que representa um por cento abaixo, pois sabemos que nossas reservas lipídicas são de mais de 90.000 calorias.

O sistema aeróbio tem a particularidade de metabolizar lipídios como meio para produzir energias (ATP) e também tem a propriedade de metabolizar as proteínas, quando os esforços são extremamente longos, porém em menor grau.

No tecido adiposo ou citoplasma se armazenam os lipídios em forma de triglicéridos que combinam uma molécula de glicerol com três ácidos graxos. O glicerol é reutilizado para fabricar glicose ou glicógeno.

Um mol de ácido graxo de 16 átomos de carbono permite a resíntese de 130 ATP, mas para isso, é necessária a presença de 23 mols ou de 515 litros de oxigênio. O gráfico 5 a seguir, mostra em detalhes este processo.

Gráfico 5

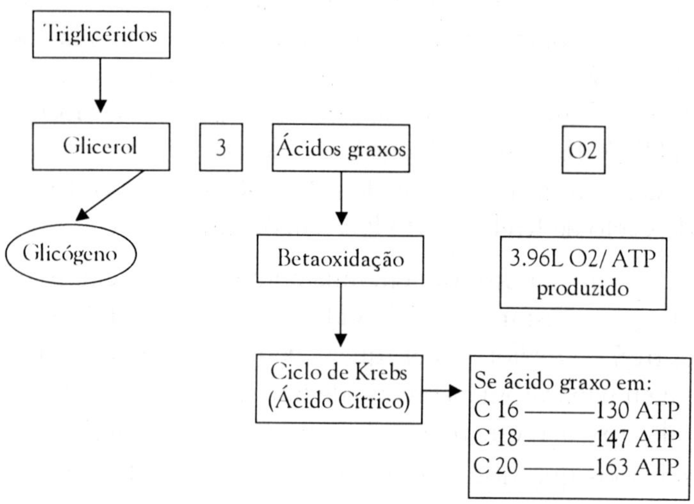

Gráfico 6

O gráfico 6, mostra a curva de Howald

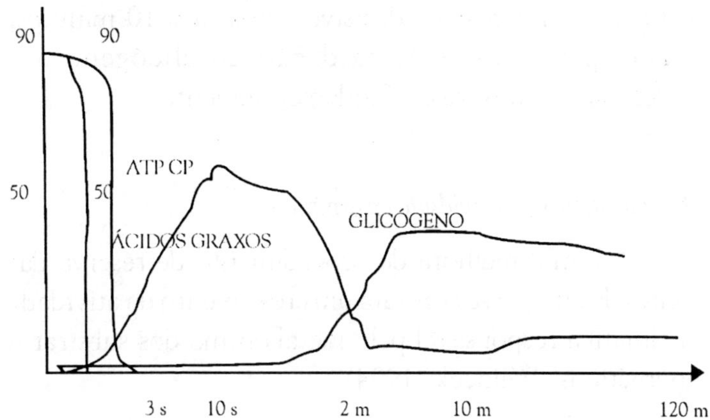

Sínteses dos sistemas energéticos e particularidades de seu funcionamento

O desenvolvimento da resistência como capacidade física requer fundamentalmente do intercâmbio gasoso a nível intracelular, a qual está determinada pela quantidade de mitocôndrias existentes. Depois de ter exposto as principais características dos sistemas energéticos se podem enumerar as seguintes conclusões parciais:

1. Os depósitos dos fosfágenos são decisivos para tempos inferiores a 10 segundos, estes depósitos de CP se elevam com o treinamento.
2. Entre os 25 segundos e os 2 minutos predomina a glicose anaeróbia, aqui predomina como substrato energético básico o glicógeno muscular.

3. A glicose aeróbia tem lugar entre os 2 e os 10 minutos a partir da degradação do glicógeno, aqui continua sendo o glicógeno e a glicose sanguínea os substratos energéticos por excelência.

4. O sistema aeróbio é decisivo acima dos 10 minutos, pelo predomínio da oxidação do glicógeno e a degradação dos graxos fundamentalmente.

II – Aumento da atividade enzimática

"Com a melhora do procedimento de reserva das fontes de energia se constata um crescimento da atividade enzimática responsável pelo metabolismo dos substratos energéticos" Weineck (1994).

"São muitas as investigações que têm demonstrado que a atividade enzimática se incrementa no sarcoplasma celular (lugar onde se produz a energia aeróbia)" Weineck (1994).

As enzimas constituem em biocatalisadoras, estas por sua vez determinam a velocidade destas reações, entretanto quanto maior a quantidade de enzimas existentes maior será a atividade enzimática.

Existem enzimas chaves em cada uma das diferentes vias energéticas. Estudos realizados têm apoiado que estas enzimas chaves podem aumentar suas concentrações com treinamentos específicos. Para maior conhecimento mostramos na tabela 11 as enzimas chaves por cada via energética segundo Badtke (1987).

Tabela 11 – Enzimas chaves das diferentes vias energéticas segundo Badtke, 1987

Via energética	Enzima chave	Área de reação
Anaeróbio alactado	Creatina-kinase	Aparelho contrátil
Anaeróbio lactado (Glicose anaeróbia)	Fosfofruto-kinase(FFK)	Citoplasma(plasma celular)
Anaeróbio lactado (Glicose aeróbia)	Citratsintetasa	Mitocôndrias
Lipólise aeróbia (Dissociação de triglicéridos e betaoxidação dos ácidos graxos)	Enzimas da betaoxidação. Citratsintetasa segundo cada caso	Mitocôndrias

III– Aperfeiçoamento dos mecanismos hormonais de regulação

Conhecemos que os mecanismos hormonais de regulação melhoram enormemente com o processo de treinamento. Estudos realizados têm demonstrado que em atletas treinados em resistência geral as concentrações hormonais no sangue chegam a ser muito mais eficazes que nos não treinados, isto traz consigo uma melhora no processo de regulação do metabolismo, o que faz com que melhore o processo de adaptação aos esforços de relativa longa duração.

Prosseguindo: O que é um hormônio e quais são suas funções no organismo?

Um hormônio é uma substância química secretada nos líquidos corporais, por uma célula ou um grupo de células, que exerce efeito fisiológico sobre o controle de outras células, Guyton (1984).

Dentro das principais funções que realizam os hormônios se encontram:

- Controle da intensidade das funções químicas nas células.
- Permite o transporte de substâncias através das membranas celulares.

Neste sentido se pode propor que as funções do corpo estão reguladas por dois sistemas principais de controle: o SNC e o sistema endócrino (hormonal).

Capacidade cardiovascular do organismo

Existe uma estreita relação entre a capacidade cardiovascular do organismo e o desenvolvimento da resistência do indivíduo.

O desenvolvimento da resistência como capacidade física no homem depende desde o ponto de vista orgânico e funcional de:

- O trabalho do coração como bomba de alimentação.
- O transporte de oxigênio pelo sangue através da mioglobina.
- O intercâmbio gasoso nos pulmões.
- As redes capilares.
- Quantidade de mitocôndrias existentes a nível intracelular.
- O máximo consumo de oxigênio. VO_2max.
- A capacidade de evacuação dos resíduos metabólicos pelos capilares.
- O incremento da irrigação sanguínea.
- Do volume sanguíneo e os níveis de hemoglobina.
- Da cavidade cardíaca (dilatação) e a espessura das paredes (hipertrofia).

Desenvolvimento da força muscular do indivíduo

As capacidades físicas se subdividem para seu estudo e compreensão, mas na prática não se pode encontrar de forma isolada, sem que se complementem mutuamente.

O desenvolvimento da resistência de um indivíduo está estreitamente vinculada ao desenvolvimento muscular que possui o mesmo. A resistência aeróbia precisa necessariamente da resistência à força.

Conclusões sobre os fatores internos que condicionam o desenvolvimento da resistência

A modo de síntese se pode propor que todos estes fatores de caráter interno que condicionam o desenvolvimento da resistência, constituem aspectos sumamente interessantes e importantes e devem ser do conhecimento daqueles que têm a missão de preparar fisicamente aos atletas para determinada atividade esportiva. Se pode apreciar que todos estes fatores aumentam sua capacidade de funcionamento, precisamente através do próprio treinamento sistemático.

É correto afirmar que todos estes fatores estão estreitamente relacionados com determinadas condições hereditárias e genéticas, mas também é correto afirmar, que a melhora destes processos tem lugar graças ao treinamento contínuo, sistemático e pedagogicamente organizado. Pelo que se deduz, para desenvolver a resistência aeróbia em um indivíduo, basta aproveitar os períodos sensitivos da resistência como capacidade orgânica básica e realizar esforços físicos que demandem o funcionamento destes mecanismos.

Principais características dos fatores externos que condicionam o desenvolvimento da resistência

O desenvolvimento da resistência como capacidade física elemental no homem não só está condicionada por fatores endógenos (características hereditárias e genéticas), sem que existam determinados aspectos exógenos que tornam possível e garantem o aperfeiçoamento desta qualidade física.

Condições objetivas e subjetivas para seu desenvolvimento

Para o desenvolvimento da resistência existem determinadas condições objetivas e subjetivas que garantem seu aperfeiçoamento. Dentro das condições objetivas se pode mencionar:

- A alimentação do esportista.
- Seu sistema de vida.
- Condições materiais e meios disponíveis para seu desenvolvimento.
- Tipo de treinamento (freqüência, sistematicidade e modalidade esportiva que pratica).
- Idade e sexo do indivíduo, etc.

E dentro das condições subjetivas se pode mencionar:

- nível cognoscitivo em geral que possui o treinador que atenda ao atleta a respeito dos aspectos essenciais que caracterizam o desenvolvimento da resistência como direção básica na preparação física.

Características geográficas do lugar de residência do indivíduo

Este aspecto é sumamente importante: por exemplo, hoje em dia, os melhores corredores de fundo, no mundo, procedem de países que possuem alturas superiores acima do nível do mar, por exemplo, Kenia, Etiópia, Marrocos, México, Equador, Colômbia, China, Japão, entre outros. É conhecido por todos as influências que exercem as condições de altura no organismo humano.

Além disso, foi comprovado em nosso país que as crianças que vivem no campo são mais resistentes que os que vivem na cidade. E os que vivem em zonas montanhosas são mais resistentes que os que vivem no campo plano, o que demonstra consideravelmente a influência do meio no desenvolvimento desta capacidade.

Características psicológicas da personalidade do indivíduo

No desenvolvimento da resistência as características psicológicas da personalidade do indivíduo têm um papel importantíssimo. O temperamento, o caráter, os traços morais e volitivos são determinantes no desenvolvimento desta qualidade física. A resistência para seu desenvolvimento exige entre outros aspectos da vontade, a perseverança, a tenacidade, a audácia e a valentia do indivíduo.

2.4 – Efeitos que produzem o desenvolvimento da resistência no organismo dos atletas em treinamento

O desenvolvimento desta capacidade provoca várias mudanças no organismo humano, tanto orgânicos como funcionais, por isso é de vital importância o conhecimento dos mesmos por parte daquelas pessoas que estão estreitamente relacionadas com o mundo do treinamento esportivo.

O conhecimento das transformações que tem lugar no organismo de um indivíduo o qual se submeteu e se submete à prática de determinado tipo de esporte com um caráter sistemático e pedagogicamente organizado na intenção de aperfeiçoar as qualidades físicas esportivas, constitui um aspecto fundamental na dosagem das cargas e na compreensão e aperfeiçoamento do processo de treinamento esportivo.

Pelo anteriormente expressado, se faz oportuno expor em detalhes alguns dos efeitos que produzem no organismo do atleta o desenvolvimento da resistência.

- Ampliação da capacidade aeróbica do indivíduo.
- Melhora da capacidade de adaptação e a compensação do lactato.
- O desenvolvimento desta capacidade suporta a uma hipertrofia cardíaca.
- Se incrementa a capilarização do organismo.
- Se incrementa o volume sanguíneo.
- Melhora o funcionamento do sistema cardiovascular.
- Melhora notavelmente a saúde geral do homem.
- Melhora a capacidade de intercâmbio gasoso a nível mitocondrial.
- Melhora o funcionamento do sistema linfático.

2.5 – Meios fundamentais para educar e desenvolver a resistência

Dentro dos meios fundamentais para o desenvolvimento da resistência se encontram:

- Corridas contínuas de curta, média e longa duração com ritmo invariável.

- Corridas contínuas de curta, média e longa duração com ritmo variável.
- Corridas descontínuas de curta, média e longa duração.
- Cross Country ou corridas de campo travesso por terrenos irregulares.
- Os jogos.
- As marchas ou caminhadas.
- Exercícios dinâmicos e variados no lugar.
- Exercícios em meios irregulares.

- *Corridas contínuas de curta, média e longa duração com ritmo invariável*

Este meio é de suma importância para o desenvolvimento da resistência, já que permite quantificar e regular a carga física, seja controlando o tempo de duração da corrida ou a distância a percorrer ou inclusive ambas.

As corridas contínuas facilitam o constante funcionamento de todos os órgãos e sistemas, mantêm os processos de ressíntese de energias, o que garante uma maior adaptação do organismo e com isso uma maior disposição para o trabalho.

Este tipo de meio se deve utilizar ao início de qualquer preparação, pelo que são típicos da etapa de preparação física geral para qualquer esporte.

Um exemplo do emprego deste meio é quando se realiza uma corrida de 5.000 m planos em um tempo que oscile entre os 20 e 25 minutos para um atleta juvenil masculino que pratique algum esporte com bola.

- *Corridas contínuas de curta, média e longa duração com ritmo variável*

As corridas contínuas de curta, média e longa duração com ritmo variável desempenham um papel decisivo na consecução de resultados altamente físicos. Este meio é conhecido mundialmente como carreiras de tipo Fartlek. O Fartlek é uma palavra Sueca que significa jogo com mudança de velocidade ou correr por alegria.

Com este tipo de meio se garante variar o ritmo de trabalho e a intensidade, assim como as influências que sobre o organismo exerce esta forma de trabalho.

Em Cuba se tem obtido muito bons resultados com a utilização deste meio. O professor Bacallao estabeleceu diferentes tipos de Fartlek, tais como:

- Fartlek livre orientado.
- Fartlek especial.
- Fartlek líder.
- Fartlek controle.

Estes tipos de Fartlek serão explicados mais adiante na epígrafe dedicada aos métodos de treinamento para desenvolver a resistência.

- *Corridas descontínuas de curta, média e longa duração*

Este tipo de meio facilita o desenvolvimento da resistência com um caráter interválico, o que permite a alternância tanto do volume como da intensidade. Esta forma de trabalho produz diferentes tipos de estimulação em todo o organismo, trazendo consigo uma maior variabilidade em seu potencial de treinamento e com isso uma ampla capacidade de adaptação para realizar trabalho de resistência.

- *Cross Country ou corridas de campo através de terrenos irregulares*

O Cross Country ou corridas de campo travesso permite um melhor intercâmbio com o meio natural, o que faz que se possa aproveitar esse ambiente (irregularidades do terreno, diferentes obstáculos, etc.), que sem dúvida se convertem em um meio que oferece muitíssimas possibilidades para o desenvolvimento da resistência.

Além disso, permite uma maior oxigenação do organismo, pois geralmente estas zonas estão povoadas de árvores e plantas. A utilização deste meio tem a generalidade de ser empregado em qualquer etapa da preparação do esportista e são múltiplos os propósitos que se podem atingir ao empregar-se o mesmo.

- *Os jogos*

Sem lugar a dúvidas, os jogos na generalidade de seu conceito constituem um meio eficaz para o desenvolvimento da resistência. Através das diferentes motivações que proporcionam os diferentes jogos no homem, assim como as características existentes em cada um deles, permitem o desenvolvimento da resistência tanto anaeróbia como aeróbia.

Os jogos podem ser utilizados em qualquer momento da preparação do esportista e tem a particularidade de desenvolver conjuntamente com a resistência e outras capacidades mais uníssonas.

- *As marchas ou caminhadas*

As marchas ou caminhadas constituem um meio idôneo para desenvolver a resistência aeróbia. A intensidade das mesmas pode ir incrementando-se até chegar à marcha esportiva. Este meio é recomendável para o trabalho da resistência em crianças e adolescentes fundamentalmente, porém as pessoas adultas podem utilizá-los como exercício para melhorar seu estado de saúde. Em atletas de alto rendimento esportivo pode constituir cargas de recuperação ou de restabelecimento depois das competições.

- *Exercícios dinâmicos e variados no lugar*

Os exercícios dinâmicos e variados no lugar, como pode ser o dançar a suíça, trote no lugar, saltos no lugar, etc., são entre outros, meios que garantam o desenvolvimento da resistência do organismo. Este meio pode ser utilizado para o desenvolvimento da resistência nas crianças, além disso é um meio eficaz para muitos esportes.

- *Exercícios em meios irregulares*

Outros meios importantes para o desenvolvimento da resistência são os que se realizam em superfícies irregulares que pode ser a areia, a água e terrenos irregulares ou montanhosos.

Estes meios geram basicamente um grande esforço por parte dos atletas, provocam um rápido cansaço do organismo, pois se desenvolvem em um meio atípico ao homem, os quais exercem muita resistência ao organismo, o que obriga um maior esforço.

Este meio é muito empregado na preparação dos esportistas de alto rendimento.

2.6 – Métodos essenciais para o desenvolvimento didático-pedagógico da resistência

São vários os métodos existentes para o desenvolvimento da resistência na atualidade. Nós com esta epígrafe trataremos de explicar aquelas que consideramos mais viáveis para o conhecimento daqueles que exercem a função de treinador esportivo. Mas antes considero oportuno expor os critérios autorais sobre o conceito de método:

Tabela 12– Relação de conceitos de método que assumem vários autores

AUTOR	CONCEITO QUE ASSUME
G. Klaus/M. Buhr (1969)	* Sistema de regras (metódicas) que determinam as classes dos possíveis sistemas de operações que, partindo de certas condições iniciais, conduzem a um objetivo determinado.
L. Klingberg (1972)	* O método como série sistemática de ações indica a estrutura do metódico; método significa proceder gradual, escalonado, é pois, uma série de passos ou operações estruturais logicamente, com as que se executam distintas ações encaminhadas a atingir um objetivo determinado.
F.F. Korolev.V.E. Gmurman(1978)	* O método reflete as regularidades internas do desenvolvimento daquela atividade na qual se aplica e descobre as peculiaridades próprias do processo.
G. Labarrere G. Valdivia (1988)	* Sistema de regras que nos servem para alcançar um objetivo determinado e que perseguem também os melhores resultados. O método pressupõe a presença de objetivos, um sistema de operações, a utilização de meios, a existência de um objeto e alcançar um resultado.
A. Forteza/ A. Ranzola(1988)	* Formas inter-relacionadas de trabalho entre o pedagogo e o educando, e que estão dirigidas à solução das tarefas do ensino.
A. Ruiz Aguilera e Col. (1989)	* Constituem determinadas formas, tipos e modos de regular a carga física, com o objetivo de provocar no indivíduo o desenvolvimento da força muscular, a rapidez de seus movimentos ou outras capacidades que sejam condicionais ou coordenativas.
Jurgen Weineck (1994)	* Os métodos do treinamento só apresentam-se como procedimentos práticos desenvolvidos metodicamente a fim de satisfazer os objetivos propostos.
Renato Manno (1994)	* A relação ativação – recuperação, sobretudo em períodos breves, a natureza do exercício, e a ativação que este último implica, a voluntariedade geral, emocional e física, que nas diversas formas do trabalho pode ser necessária. São fatores que requerem a organização da execução dos exercícios no contexto espacial, emocional e físico mediante procedimentos que se podem definir como métodos ou metodologias do treinamento.
J. Barrios/A. Ranzola (1998)	* É a via ou caminho mais efetivo para conseguir algo.
Adalberto Collazo (2002)	* O método é um componente pedagógico-didático que permite a estruturação lógica e interna do conteúdo do ensino. Em termos de treinamento esportivo o método constitui uma categoria que permite a organização metódica da carga física em estreita relação com os objetivos propostos. Praticamente determina a qualidade do processo do treinamento.

Dentro dos métodos existentes para o desenvolvimento da resistência como capacidade física indispensável na preparação do esportista, se encontram os chamados métodos contínuos de trabalho e os descontínuos. Esta classificação está dada pela forma de trabalho que caracteriza ao exercício físico utilizado no treinamento. O gráfico 7 reflete a classificação dos métodos para o treinamento da resistência.

Os Métodos Contínuos para o treinamento da Resistência

Os métodos contínuos como seu nome o indica são aqueles que não interrompem as cargas de treinamento para dar passagem à algum tipo de recuperação, a não ser que o trabalho tenha um caráter de continuidade, até que não termine dita carga.

Estes métodos por sua vez se subdividem em variáveis e invariáveis. Os métodos contínuos variáveis têm como característica fundamental que ainda mantendo o trabalho de forma contínua permitem variar o ritmo de execução da corrida, sistema de trabalho, a velocidade dos movimentos etc., permitindo a possibilidade de que o atleta receba diferentes tipos de estímulos durante uma mesma carga física.

Dentro dos *métodos contínuos variáveis* se encontram fundamentalmente os Fartlek, dos quais falaremos na continuação.

O *Fartlek livre orientado* é aquele no qual o treinador orienta parte da tarefa a realizar mas não especifica nem o tempo de duração para cada trecho a recorrer nem o ritmo de trabalho. Exemplo: Quando orientamos aos atletas a correr as curvas na pista e a trotar suavemente as retas.

O *Fartlek especial* é o que permite realizar de forma contínua vários tipos de exercícios com diferentes estruturas motoras. Exemplo: Quando fazemos o seguinte trabalho.

50 m – Trote elevando coxa.

50 m – Trote elevando glúteo.

50 m – Salto índio.

50 m – Salto alternado.

50 m – Salto com pé direito.

50 m – Salto com pé esquerdo.

50 m – Salto de rã.

50 m – Carreira de velocidade máxima, etc.

O *Fartlek líder* é quando o treinador seleciona um ou vários atletas indistintamente e lhe orienta a forma de trabalho a seguir, cada atleta conhece a distância que tem que correr, ele realiza sprints com arrancadas rápidas e sem avisar o resto dos atletas, estes por sua vez saem detrás do líder com o propósito de dar-lhe alcance, mas com a orientação que o resto dos atletas se detenham quando o líder não faça.

O *Fartlek controle* tem sido muito empregado em nosso país. Se recomenda utilizar-se ao final da etapa de preparação física geral e a especial. Seu objetivo é avaliar o estado físico em que se encontram os atletas. O professor J. G. Bacallao do ISCF "Manuel Fajardo" da cidade de La Habana, tem estabelecido diferentes variantes para determinadas especialidades esportivas:

Tabela 13 – Tipos de Fartlek controle segundo J. G. Bacallao (1991)

1.500 m	Distância	8 km.	6 km.	10 km.	12 km.	15 km.
	Variante	3-1	2-1	2-3:3-2	3-1	3-2:2-3
3.000 m / obstáculos	Distância	8km.	10 km.	12 km.	15 km.	20 km.
	Variante	3-1	3-2:2-3	3-1	3-2:2-3	3-2:2-3
5.000 m 10.000 m	Distância	12km.	15 km.	20 km.		
	Variante	3-1:2-1	3-2:2-3	3-2:2-3		

Gráfico 7– Classificação de métodos para desenvolver a resistência

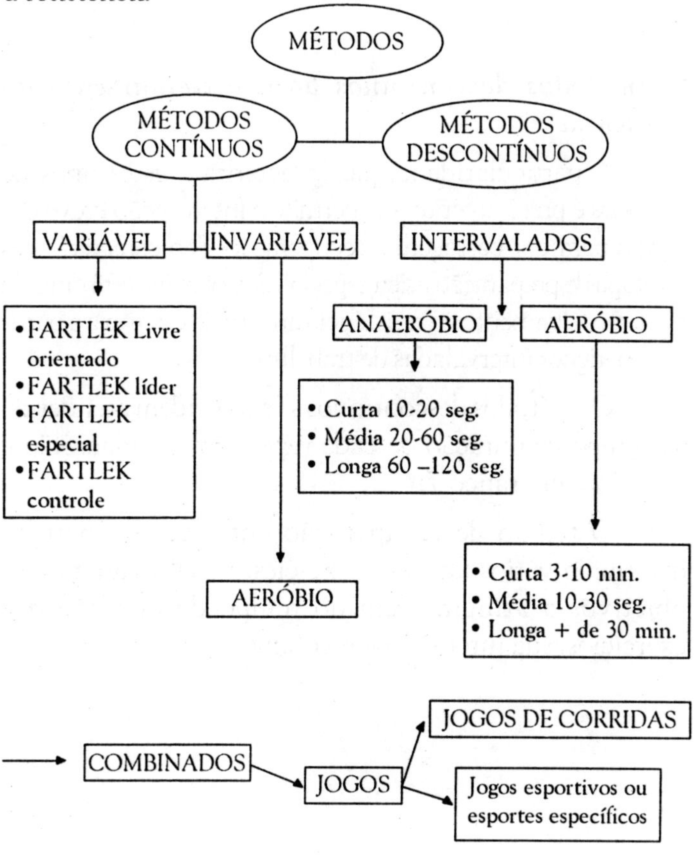

Dentro dos métodos variáveis podemos também mencionar o método variável combinado, que não é mais que o método do jogo, fundamentalmente os jogos esportivos e os de corridas.

O método contínuo invariável aeróbio é muito utilizado ao princípio de qualquer preparação físico esportiva, favorece o desenvolvimento da resistência aeróbia e permite uma rápida adaptação do organismo a este tipo de trabalho. Um exemplo na prática é quando realizamos uma corrida contínua com uma duração maior aos três minutos.

Os métodos descontínuos para o treinamento da resistência

A particularidade que caracteriza a estes tipos de métodos é precisamente que permite a interrupção breve das cargas para dar passagem à recuperação. São características da etapa de preparação física especial. Seu objetivo está dirigido ao desenvolvimento da resistência anaeróbia e aeróbia a partir de repetições intervaladas de trabalho.

Os métodos descontínuos se subdividem atendendo ao tempo de duração de cada repetição em anaeróbio e aeróbio. Ver gráfico 7.

O tempo de recuperação entre cada repetição determina vários fatores, entre eles: nível do atleta e os objetivos a atingir, além do tempo de duração dos exercícios, sua intensidade e volume.

CAPÍTULO 3

FUNDAMENTOS BÁSICOS PARA TREINAMENTO DA FORÇA

3.1 – Definição do conceito de força como capacidade física do homem

Antes de proceder a definir textualmente o conceito que temos da força como uma das capacidades básicas do homem que se expressa no trabalho físico muscular, exporemos algumas das definições que formulam determinados autores.

Ao analisar estes conceitos expostos anteriormente por critérios de diferentes autores, compreendemos melhor a essência do termo força como uma capacidade humana condicional. Entendemos que desde a óptica da física a força existe graças à existência de mais de dois corpos ou matérias no mundo interativo, no entanto a força como uma capacidade do ser humano é uma expressão do trabalho muscular e assim, se manifesta constantemente nas atividades físico esportivas.

De forma simples podemos dizer que é importante conhecer os aspectos fundamentais aos quais faz referência Newton em sua genial explicação sobre a força e que par-

Tabela 14 – Relação de conceitos de força por autor e ano

Autor e ano	Definição que assume
I. Newton	Desde o ponto de vista da física, a força é a influência que ao atuar sobre um objeto faz que este mude seu estado de movimento, expressando-se como a definira Newton. F=M x A = Força é igual a massa pela aceleração.
N. G. Ozolin (1970)	A força muscular é uma das qualidades físicas mais importantes, ela determina em grau considerável a rapidez dos movimentos e desempenha um grande papel no trabalho quando este exige resistência e agilidade.
Knuttgen e Kraemer, (1987)	A força é a capacidade de tensão que pode gerar cada grupo muscular a uma velocidade específica de execução.
Ariel Ruiz Aguilera, (1987)	A força representa a superação de certa resistência exterior com grande esforço muscular.
Erwin Hahn (1988)	A força é a capacidade do ser humano de superar ou de atuar em contra de uma resistência exterior baseando-se nos processos nervosos e metabólicos da musculatura. Os músculos podem desenvolver força sem modificar sua longitude (comportamento estático), encurtando-a (comportamento dinâmico de superação) e alongando-a (comportamento dinâmico de ceder).
Ehlenz, Grosser e Zimmermann, (1988)	A força fica englobada dentro das chamadas capacidades de condição motriz. Atualmente se define desde a perspectiva física e biológica. A força no sentido da física é o produto da massa pela aceleração; expressado na fórmula e as magnitudes correspondentes: F=M x A (kg. M/s 2), entretanto o sentido biológico é a capacidade de superar ou compensar resistência mediante a atividade muscular.
R. Manno (1994)	A força muscular é a capacidade motora do homem que lhe permite vencer uma resistência ou opor-se a esta mediante uma ação tensora da musculatura.
J. Weineck, (1994)	Formular com precisão uma definição de força que englobe de vez seus aspectos físicos e psíquicos, ao contrário que a definição dos físicos, apresenta consideráveis dificuldades, pois as modalidades da força, do trabalho muscular, da contração muscular, etc., são muito complexas e dependem de uma multidão de fatores. Uma definição clara e precisa da noção de força só é possível em relação com as diferentes modalidades de expressão da mesma.
García Manso Navarro Valdivielso Ruiz Caballero (1996)	Desde a perspectiva da atividade física e o esporte, a força representa a capacidade de um sujeito para vencer ou suportar uma resistência. Esta capacidade do ser humano vem dada como resultado da contração muscular.
Adalberto Collazo (2002)	A força é uma capacidade condicional que possui o homem em seu sistema neuromuscular e que se expressa através das diferentes modalidades manifestas o esporte para resistir, tirar, pressionar e empurrar uma carga externa ou interna de forma satisfatória.

tindo da mesma, nós que trabalhamos no mundo do esporte, devemos desenvolver esta qualidade física humana, com a intenção de nos prepararmos melhor para alcançar elevados resultados esportivos.

3.2 – Estrutura típica da capacidade de força

Por diversas razões, fundamentalmente de caráter didático metodológico, subdividimos a força para seu melhor controle dentro da preparação do esportista em várias modalidades em que se manifeste a mesma nos esportes.

A força como capacidade deve ser estruturada para seu estudo, compreensão e desenvolvimento, a partir de diferentes enfoques, com o objetivo de entender melhor a dinâmica de seu desenvolvimento no tempo, vendo como ela se manifesta em cada expressão de um movimento esportivo.

Sua estruturação se faz necessária para especificar sua forma de manifestação nos diferentes esportes, assim como controlar e avaliar essa forma na preparação do esportista. Gráfico 8.

Pelo caráter do conteúdo do exercício a realizar

No desenvolvimento do esporte a força pode chegar a ter um caráter geral ou especial, esta especificidade determina o conteúdo do exercício que se realiza.

Entende-se por força geral, todos aqueles exercícios de força que contribuem ao desenvolvimento físico muscular do organismo de maneira global, independentemente da modalidade esportiva que se pratique. Seu objetivo é a formação integral de seu sistema muscular para o posterior trabalho de força de acordo com as exigências que reclama o esporte em questão e a ativação da maior quantidade de miofibrilas musculares possíveis. Os exercícios de força geral criam a base para a determinação e seleção dos exercícios específicos do esporte para o qual nos preparamos.

Enquanto que por força especial, se conhecem todos aqueles exercícios de força, específicos para o desenvolvimento de determinados planos musculares, os quais têm uma estreita relação com aqueles movimentos ou ações que exige determinado esporte durante as competições. Seu objetivo é conseguir a multiplicação e engrossamento das miofibrilas musculares que mais requer o atleta para o esporte praticado. Os exercícios de força específica têm estreita relação com as exigências do esporte e constituem a continuidade do trabalho da força, que já se havia conseguido com os exercícios de caráter geral.

Tanto a força geral como a especial estão muito relacionadas com a etapa de preparação na que se encontra o esportista, em outras palavras, quem determina o caráter do conteúdo do exercício e precisamente, a etapa de preparação.

Gráfico 8 – Estrutura típica da força como capacidade condicional do homem

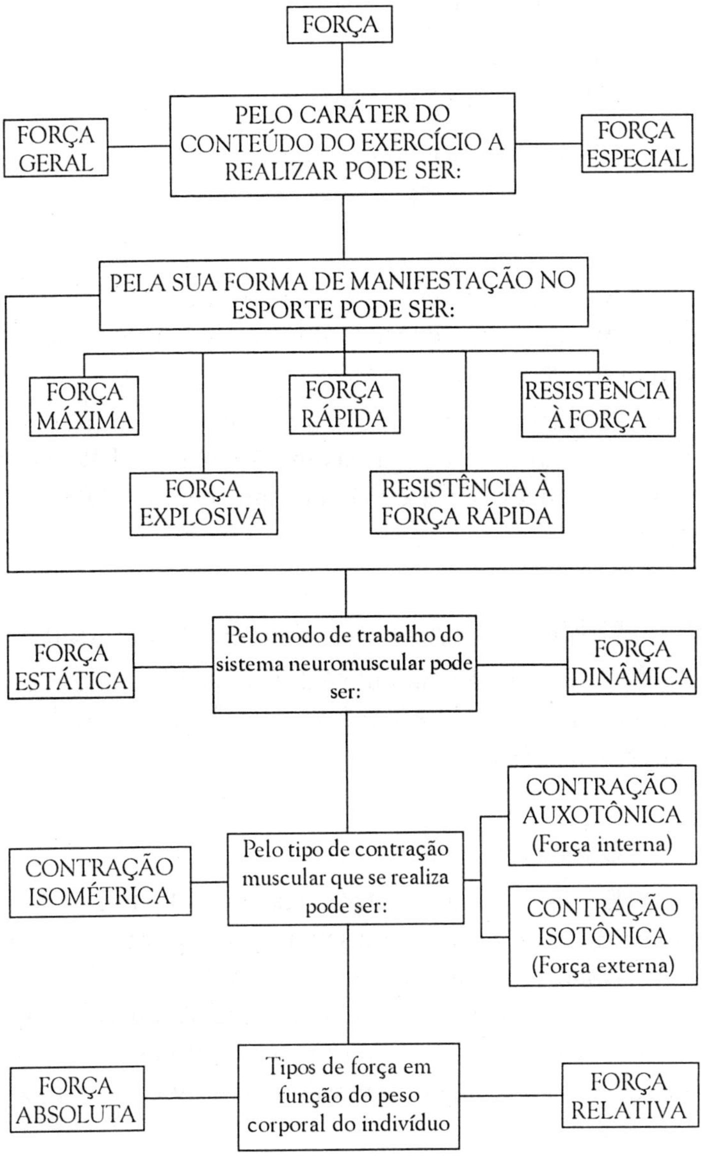

Pela sua forma de manifestação no esporte pode ser:

- Força máxima.
- Força rápida.
- Força explosiva.
- Resistência à força rápida.
- Resistência à força.

- *Força máxima*

A *força máxima* é a capacidade do sistema neuromuscular de exercer uma máxima contração voluntária satisfatoriamente.

Os fatores principais que vão determinar as possibilidades gerais da força máxima são segundo (I. Román, 1988; J.Weineck, 1994 e García Manso e col. 1996), os seguintes:

1. *O diâmetro das fibras musculares (seção fisiológica)*

A força de um músculo é de 6.7 +/-1 kg. cm 2 para o homem e de 6.3 +/- 0.9 kg. cm 2 para a mulher (Locatelli, 1990).

2. *O volume muscular*

É o resultado da hipertrofia do músculo. Entretanto quanto maior for a massa muscular maior será a força, em outras palavras, os atletas com um mesmo nível de treinamento, os que possuem maior massa muscular são capazes de desenvolver maior força em valores absolutos, mas não necessariamente em valores relativos com o peso corporal.

3. *A composição das fibras*

As FT (Fast Twich) se caracterizam por um maior diâmetro, uma capacidade anaeróbica maior e é receptor de uma freqüência de impulso mais elevada, o que permite desenvolver maiores tensões que as ST (Slow Twich).

4. *A coordenação intramuscular*

A magnitude da força varia em função do número de unidades reitoras solicitadas e da freqüência e sincronização dos impulsos que atingem essas unidades reitoras. Os atletas que não praticam com sistematicidade apenas são capazes de contrair de 20 a 30% do total de suas unidades reitoras, porém os atletas altamente treinados podem chegar a contrair 80% do total de unidades motoras.

5. *A motivação e o interesse do atleta*

Este aspecto é sumamente importante para o desenvolvimento da força máxima. As qualidades volitivas da personalidade são aqui de vital importância. Está demonstrado que a utilização da hipnose ou das drogas permitem alcançar níveis de força muito superiores aos que o indivíduo alcança com uma contração máxima de tipo voluntário (Vorobiev, 1974).

Entenda-se além, por motivação o grau de estimulação positiva que provoca estas cargas no atleta, assim como a rápida recuperação dos mesmos, os quais provocam os novos desejos pela atividade.

6. *A coordenação intermuscular*

Se estabelece pela capacidade que têm os músculos para cooperar entre eles em um movimento ou ação esportiva determinada.

7. *A capacidade elástica e o reflexo nas manifestações da força máxima excêntrica*

Se conhece que quando os músculos trabalham de forma excêntrica podem chegar a gerar tensões superiores em uns 30 ou 40% mais que a máxima isométrica e isto é provocado por:

- Alongamento do tecido conjuntivo, o que produz uma força elástica passiva que se resume a força produzida pelas contrações voluntárias.
- Alongamento do músculo produz a ativação dos fusos musculares, aumentando assim a atividade de inervação que conduz à contrações mais fortes.

Determinação da força máxima e seu desenvolvimento

Muitos autores denominam a força máxima como a força absoluta do atleta. Se partimos do critério generalizado que se tem da força máxima como o peso máximo que um indivíduo pode superar satisfatoriamente, que inclusive é um teste que nos permite conhecer o nível que possui cada indivíduo em um exercício determinado de levantamento de peso e pela qual podemos perfeitamente trabalhar os diferentes tipos de força, atendendo aos % de trabalho.

Não podemos conceber o desenvolvimento de qualquer tipo de força sem o conhecimento prévio dos índices máximos nesse exercício de força, fundamentalmente para sua dosagem correta durante a preparação desta capacidade.

A forma mais generalizada para a determinação da força máxima de um atleta se consegue a partir da execução de ao menos uma repetição com o peso máximo, o que implica que para sua medição se faz necessário a presença de pesos. No entanto, existem outras formas segundo estudos realizados pelas quais se pode medir os níveis de força máxima sem necessidade de levantar o peso máximo. Tabela 15.

Tabela 15– Equivalência entre o número de repetições e a % a que corresponde a respeito de 100% da força máxima. (Manso, Valdivielso e Ruiz 1997)

Repetições	Mayhew	Lander	Brzycki
8	80%	80	81%
9	79	77	78
10	78	75	75
11	77	72	72
12	76	69	69
13	75	67	67
14	74	64	64
15	73	61	61
16	72	59	58
17	71	56	56
18	70	53	53
19	69	51	50
20	68	48	47

No desenvolvimento da força máxima desempenham um papel decisivo os compostos energéticos conhecidos como ATP e CP, sendo que esta se realiza em apenas escassos segundos. Uma carga excessiva de força máxima sustenida chega a produzir altas concentrações de ácido láctico a nível muscular, provocando uma diminuição no rendimento. Gráfico 9.

Gráfico 9. Modificações das concentrações de ATP, CP e lactato em músculo vasto lateral depois de contrações máximas segundo Bergströnm e outros, 1971.

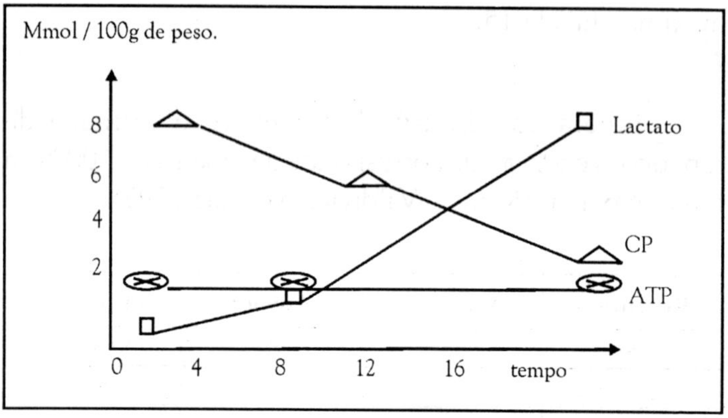

Como puderam apreciar no gráfico 9, fisiologicamente é incorreto trabalhar esta capacidade em um tempo maior que 12 seg., pois longe de beneficiar ao organismo o prejudica, por uma parte pela diminuição do substrato energético que serve de energia ao organismo ATP-CP e por outra pelo aumento do lactato a nível intramuscular.

A força máxima para trabalhá-la durante os treinamentos é recomendada da seguinte forma que aparece na tabela 16. Esta distribuição não significa um dogma, mas é uma sugestão a qual se aplica e se ajusta tendo em consideração um grupo de elementos como a idade, sexo, esporte em questão, nível de treinamento dos atletas, entre outros.

Tabela 16 – Distribuição de formas de trabalho com relação à força máxima com pesos, segundo % de trabalho, repetições por turnos e série

% de trabalho segundo força máxima	Quantidade de repetições por cada turno	Quantidade de turnos	Quantidade total de séries	Ritmo do exercício	Máximo total de rep. por sessão
100%	1	1	1	Moderado	1-2
95	2-4	5-6	1	Moderado	20-24
90	5-6	6-7	1	Moderado	30-42
85	7-8	6-7	1	Moderado	42-56
80	9-10	7-8	1	Rápido	63-80
75	10-12	7-8	1	Rápido	70-96
70	10-12	9-10	1	Rápido	90-120

• *Força rápida*

Denominamos *força rápida* a capacidade do sistema neuromuscular para vencer uma oposição com uma elevada rapidez de contração durante um tempo que oscila entre os 3 e 10 segundos.

A força rápida é a capacidade de um atleta de vencer resistências externas ao movimento com grande velocidade de contração. Harre e Hauptmann, (1991).

Muitos autores denominam esta capacidade com o nome de força velocidade. Segundo García Manso e col. (1997), desde o ponto de vista da mecânica, a força velocidade ou força rápida fica refletida através da potência.

$$\text{Potência} = \frac{\text{Trabalho}}{\text{Tempo}}$$

Principais fatores dos quais depende o desenvolvimento da força rápida segundo Bührle e Schmidtbleicher, (1981)

- Do número de unidades motoras implicadas simultaneamente ao princípio do movimento (coordenação intramuscular).
- Da velocidade de contração das fibras musculares implicadas.
- Da força de contração das fibras musculares implicadas, e também da grossura do músculo (seção transversal).

Além disso, a força rápida e seu desenvolvimento depende fundamentalmente dos níveis de força máxima que possui um indivíduo.

Por outra parte, por exemplo, Verjoshanski propõe quatro aspectos fundamentais determinantes no desenvolvimento da força rápida.

- A força máxima.
- A força inicial.
- A força de aceleração muscular.
- A velocidade máxima de movimento.

Neste sentido, podemos afirmar que é precisamente a força rápida uma qualidade que expressa a fusão de mais duas capacidades, a força e a rapidez, as capacidades se manifestam entrelaçadas, nunca de forma pura.

Para o desenvolvimento da força rápida também é importante ter em consideração os tipos de fibras predominantes no organismo e certamente, o predomínio das fibras FT.

A força rápida é uma qualidade física sumamente importante, está presente em quase todos os esportes, daí a necessidade que tem os atletas de desenvolver para alcançar rendimentos superiores.

Tabela 17– Distribuição de formas de trabalho com relação à força rápida com pesos, segundo % de trabalho, repetições por turnos e séries

% de trabalho segundo força máxima	Quantidade de repetições por cada turno	Quantidade de turnos	Quantidade total de séries	Ritmo do exercício	Máxima total de rep. por sessão
65%	8-10	5-6	1-2	rápido	40-60
60	8-10	5-6	1-2	rápido	40-60
55	8-10	7-8	1-2	muito rápido	56-80
50	8-10	7-8	1	muito rápido	56-80
45	8-10	7-8	1	muito rápido	56-80
40	8-10	7-8	1	muito rápido	56-80
35	8-10	9-10	1	muito rápido	56-80

- *Força explosiva*

A *força explosiva* é a capacidade do sistema neuromuscular para realizar movimentos balísticos com o próprio peso corporal ou objeto externo e que não estão precedidas de algum movimento.

A força explosiva é uma espécie de variante de força rápida, se diferencia desta no tempo que não é superior aos 3 segundos, ou seja, esta fundamentalmente utiliza como energia o ATP existente nos músculos, sempre e quando não estiver precedida de outros movimentos. A força explosiva se diferencia também da rápida quanto à quantidade de repetição, a explosiva geralmente se caracteriza por 1 ou 2 repetições, entretanto a rápida contém maiores repetições. Exemplo: A força explosiva de pernas se manifesta no salto longo sem impulso.

Com relação a esta qualidade física, García Manso e col. (1997), fazem referência a dois tipos de força explosiva:

Força explosiva tônica: faz referência a forças de desenvolvimento rápido contra resistência relativamente altas, nas que os esportistas geram tensões que aparecem rapidamente e aumentam gradualmente até incluir o movimento. Ex.: As arrancadas no levantamento de pesos.

Força explosiva balística: faz referência a forças de desenvolvimento rápido, nas que a resistência a vencer é relativamente pequena e o movimento é de tipo balístico, ou seja, depois de desenvolvida uma tensão máxima (inferior à produzida nas ações explosivas tônicas), a tensão começa a diminuir; porém a velocidade do movimento segue aumentando lentamente. Ex.: Saltos ou lançamentos de artefato ligeiros.

A força explosiva guarda uma estreita relação com o trabalho de pliometria.

- *Resistência à força rápida*

A *resistência à força rápida* é a capacidade do sistema neuromuscular de exercer rápidas contrações musculares por um tempo relativamente longo (10 seg. até 3 minutos) sem a presença de fadiga muscular.

Resistência à força

"A *resistência à força* é a capacidade que tem o organismo para resistir à fadiga nos esforços de força de longa duração". Harre (1976).

"É a capacidade de manter uma força a um nível constante durante o tempo que dure uma atividade esportiva". García Manso (1997).

"É a capacidade de resistir ao esgotamento, provocado pelos componentes de força da sobrecarga na modalidade esportiva elegida". Matveiv (1983).

Tomando como referência os anteriores conceitos expostos por vários autores, entendemos que a *resistência à força* é a capacidade que possui um organismo de resistir ao cansaço que provoca determinada atividade que requer de um rendimento de força relativamente longo no tempo e com um ritmo de execução moderado.

A possibilidade de repetir exercícios de força depende do nível de força do atleta e do abastecimento energético correspondente dos músculos em ação.

Quando se trabalha com menos de 20% da força máxima podemos dizer que domina a resistência à força como fator decisivo do rendimento, devido à fonte energética que será totalmente aeróbia com estas cargas baixas. Por outro lado quando as cargas superam 50% da máxima, a fonte energética é quase totalmente anaeróbia, sendo que já com 40% se produz um fechamento dos vasos sanguíneos como conseqüência da elevada tensão muscular que provocam estas cargas, o que impossibilita a passagem do oxigênio e substratos.

Dentro dos fatores decisivos para o rendimento da resistência à força segundo Ehlenz são:

- A força máxima.
- As capacidades anaeróbia e aeróbia.
- Cansaço local e geral.

Como então podemos trabalhar com pesos a resistência à força nos esportes?

A continuação mostra a forma em que se podem distribuir as repetições pelos distintos por centos de trabalho segundo força máxima em determinado exercício.

Tabela 18 – Relação do por cento de trabalho e as repetições, turnos, séries e ritmo de execução do exercício

% de trabalho segundo força máxima	**Quantidade de repetições por turno**	**Quantidade de turno**	**Quantidade de séries**	**Total máximo de repetições por sessão**
50	15-17	7-8	1	105-136
45	18-20	7-8	1	126-160
40	21-23	5-6	1	105-138
35	24-26	5-6	1	120-156
30	27-29	3-4	2	162-232
25	30-32	3-4	2	180-256
20	33-35	2-3	3	198-315
-20	+35	2-3	3	210-315

Tabela 19 – Diferentes tipos de força, seu sistema de trabalho, objetivo e tempo de trabalho

Tipos de força	Sistema de trabalho	Objetivo	Tempo de trabalho
Força máxima	Anaeróbio	Engrossamento de miofibrilas	10 seg.
Força rápida	Anaeróbio	Multiplicação de miofibrilas	10 seg.
Força explosiva	Anaeróbio	Explosividade de movimento	3 seg.
Resistência à força rápida	Misto	Ativar e multiplicar miofibrilas	De 10 seg. a 3 min.
Resistência à força	Aeróbio	Ativação de miofibrilas	Mais de 3 min.

Pelo modo de trabalho do sistema neuromuscular

A força neste sentido se subdivide em força estática e dinâmica.

A força estática é a capacidade de desenvolver uma maior força máxima durante a construção isométrica do músculo. Se manifesta na execução de puxar, pressões etc., durante os quais um segmento do corpo ou um sistema de segmento se encontram fixos em uma posição o influem sobre um implemento durante uma única e máxima contração isométrica em um tempo relativamente curto (Forteza e Ranzola, 1988).

Segundo D. Harre a força estática se baseia na conduta estática ou isométrica do sistema neuromuscular, existindo uma correspondência biunívoca entre a força interna e externa. Ao produzir-se esta contração do músculo, que aqui se baseia em sua dilatação interna, a apófise e a origem não se aproximam mutuamente, a isto se dá o nome de contração isométrica.

Como se tem observado existe uma estreita relação entre a força estática e a contração isométrica.

Por outra parte, a força dinâmica é "a capacidade de desenvolver uma força durante uma contração isotônica muscular miométrica (se o sistema é ascendente) e polimétrica (se o sistema é descendente) Forteza e Ranzola, (1988).

A força dinâmica se baseia no comportamento dinâmico do sistema neuromuscular, onde não existe correspondência alguma entre a força interna e a externa, ou bem predomina a força interna (trabalho auxotônico), ou bem a força externa (trabalho isotônico).

Pelo tipo de contração muscular que se realiza pode ser:

Contração isotônica: quando os músculos variam de longitude ao produzir-se a contração a esta se denomina isotônica e se caracteriza pela realização de trabalho mecânico externo, o qual pode ser calculado como produto da carga pela distância recorrida.

Contração isométrica: é a contração que se dá quando ambos extremos do músculo se encurtam e por isto, não ocorre o movimento das articulações. Aqui não se percorre nenhuma distância, não se realiza trabalho mecânico externo, apesar disto a contração isométrica consome energia pelo que produz gasto e portanto sintomas de fadiga muscular.

Contração auxotônica: este tipo de contração representa uma espécie de combinação entre as tensões isotônicas e isométricas e são as que aparecem com maior freqüência dentro das ações esportivas.

O músculo possui a propriedade de contrair-se e a de alongar-se. Em dependência do tipo de contração muscular esta pode variar se contrai o músculo ou se estica. O esquema a seguir de J. Weineck (1994), o demonstra mais claramente.

Esquema 1 – Esquema que mostra o comportamento dos elementos contráteis e elásticos segundo o tipo de contração muscular. A – Estado de repouso, B + C – Estado depois e durante a contração, K – Isométrica e P – Isotônica.

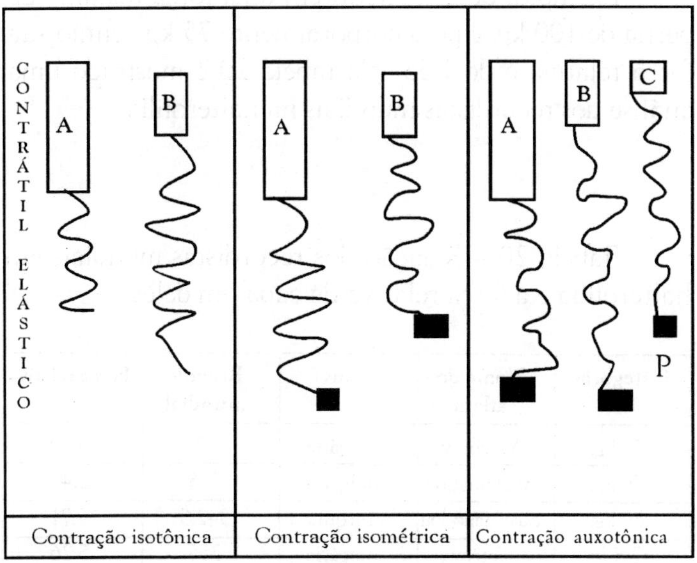

Tipo de força em função do peso corporal

É conhecido por todos que existe uma estreita relação entre a força como capacidade física do homem e seu peso corporal. Muitos autores com referência a este aspecto distingüem dois tipos de força:

- Força absoluta.
- Força relativa.

A força absoluta é considerada como a força máxima ou total que um indivíduo tem em determinado exercício de força independentemente de seu peso corporal, entretanto por força relativa se entende a relação que se estabelece entre a magnitude da força com relação ao peso corporal do sujeito. Matematicamente se interpreta através da seguinte fórmula:

$$\text{Força relativa} + \frac{\text{Força absoluta}}{\text{Peso corporal}}$$

Exemplo: Se um atleta tem uma força máxima de perna de 100 kg. e pesa corporalmente 75 kg., então sua força relativa é de 1.33. Na tabela 20 é mostrado uma análise dos recordistas mundiais na halterofilia.

Tabela 20 – Relação dos recordistas mundiais em halterofilia e a força relativa de cada um deles

Categorias	Nome do atleta	País	Recorde mundial	Força relativa
52 kg.	Marinov	Bulgária	270	5.19
56 kg.	Shalamanov	Bulgária	305	5.45
60 kg.	Suleimanoglou	Turquia	342.5	5.71
67.5 kg.	Petrov	Bulgária	355	5.26
75 kg.	Varvanov	Bulgária	380	5.07
82.5 kg.	Vardanian	URSS	405	4.91
90 kg.	Solodov	URSS	422.5	4.69
100 kg.	Zakharevitch	URSS	440	4.40
110 kg.	Zakharevitch	URSS	452.5	4.11
+110 kg.	Taranenko	URSS	472.5	4.10

3.3 – Fatores principais que condicionam o desenvolvimento da força

O desenvolvimento da força como capacidade física depende fundamentalmente de fatores endógenos e exógenos (gráfico 10).

Gráfico 10 – Relação de fatores exógenos e endógenos que condicionam o desenvolvimento da força

FATORES ENDÓGENOS	FATORES EXÓGENOS
I. Condições biológicas do indivíduo. • Relação entre movimento e sistema muscular. • Estrutura das fibras do músculo esquelético. • Controle dos impulsos nervosos que ativam a contração muscular. • As fontes energéticas e a regeneração. • Comportamento hormonal. • Idade e sexo. ***II. Condições psicológicas do atleta.*** • Motivação e interesse do sujeito pela prática de exercícios de força.	• Alimentação. • Sistema de vida. • Tipo de treinamento. • Condições materiais disponíveis.

Fatores endógenos que condicionam o desenvolvimento da força muscular

I – Condições biológicas do indivíduo

- *Relação entre movimento e sistema muscular*

Qualquer movimento que o homem realize em sua vida está condicionado com a possibilidade que oferece a musculatura esquelética para contrair-se e esticar-se. Este mecanismo em sistematicidade permite ao sistema neuromuscular do homem desenvolver-se. É precisamente a existência de dois compostos essenciais chamados actina e a miosina as encarregadas para condicionar as contrações musculares ante a resistência que oferece o mundo exterior.

Existe no músculo esquelético um grupo de células especializadas cujo objetivo fundamental é a contração. Por tal motivo, o homem em sua vontade de buscar seu aperfeiçoamento muscular executa e controla este mecanismo de maneira intencional, com a intenção de ativar o processo em si, da contração muscular e com ele o desenvolvimento da força muscular do indivíduo.

- Estrutura das fibras do músculo esquelético

Os elementos contráteis

Os elementos contráteis que compõem a estrutura das fibras do músculo esquelético constituem duas proteínas muito importantes, mencionadas anteriormente e conhecidas como actina e miosina.

"A menor unidade celular da musculatura esquelética é a fibra muscular esquelética, que é uma célula alongada com muitos núcleos." Ehlenz, Grosser e Zimmermann, (1988).

Se propõe que cada um dos filamentos de miosina está sujeito a seis filamentos de actina.

O aumento da força de contração da musculatura esquelética depende fundamentalmente do número de pontes entre a actina e a miosina.

Por último, podemos dizer que tanto a velocidade de contração como a magnitude de encurtamento do músculo dependem fundamentalmente da freqüência dos estímulos como da duração da estimulação muscular.

Nível de força máxima

O nível de força máxima da fibra muscular esquelética está dada pela quantidade de miofibrilas que tenha, ou seja, quanto maior a quantidade de miofibrilas em uma fibra muscular então maior força poderá realizar um indivíduo, além disso o desenvolvimento da força depende praticamente da quantidade de pontes de actina e miosina existentes.

- *Controle dos impulsos nervosos que ativam a contração muscular*

A estimulação das fibras do músculo esquelético

Se faz necessário estimular o interior das células. A célula que não se ative oferece uma concentração iônica, já que este em seu interior possui uma carga negativa com relação à parte exterior, desempenhando aqui, a membrana celular, um papel primordial na manutenção da diferença na concentração iônica.

Os impulsos nervosos de determinadas cargas ou estímulos transformam a permeabilidade da membrana celular. Por outro lado se conhece que não são todas as células musculares que possuem a mesma capacidade de excitação.

Os fusos musculares

Paralelo às fibras do músculo esquelético se encontram os fusos musculares. São mais curtos que as fibras e estão compostos de três a seis fibras musculares delgadas e estriadas que possuem um ligeiro engrossamento em sua parte central, seus extremos são tendinosos e se compõem de um tecido que envolve a fibra muscular.

Tanto o fuso muscular como os órgãos tendinosos de Golgi transmitem um grande acúmulo de informação à célula espinhal, ao cerebelo e inclusive ao córtex cerebral, ajudando assim no controle da contração muscular.

Os músculos de sustentação e funcionais

Para a funcionalidade do músculo, sua estrutura e a organização da fibra têm um papel decisivo. São conhecidos três tipos de estrutura das fibras musculares:

1. Músculo fusiforme.
2. Músculo peniforme simples.
3. Músculo peniforme duplo.

Os músculos peniformes são muito mais fortes que os fusiformes, já que estes últimos podem iniciar-se como um maior número de fibras diretamente ao osso e através do tendão.

Os músculos peniformes ocupam pouco espaço e os mesmos se encontram localizados em determinadas zonas com o objetivo de realizar grandes trabalhos de força e sustentação. Entretanto, a estrutura das fibras musculares dos músculos fusiformes se encurtam em direção à tração quando se contraem, o que possibilita a amplitude de movimentos.

O esquema a seguir mostra a estrutura morfológica de mencionados músculos.

Esquema 2– Relação dos tipos de estruturas musculares existentes

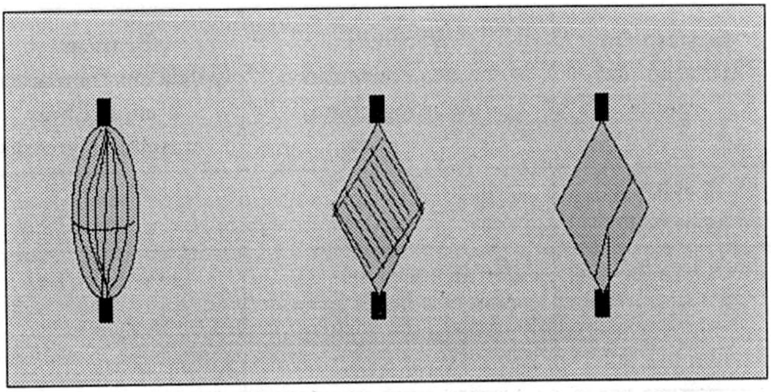

Tipos de fibras musculares

Se conhecem dois tipos de fibras musculares:

- As fibras de contração rápida (fibras brancas ou Fast twich, FT).
- As fibras de contração lenta (fibras vermelhas ou Slow twich, St).

As duas tabelas seguintes apanham dados suficientes das principais características que identificam aos distintos tipos de fibras musculares, assim como suas principais funções no organismo e também sua relação e importância na prática das atividades físico esportivas.

Se propõe por vários autores que as fibras musculares de contração lenta se formam no indivíduo aproximadamente às 21 semanas de vida intra-uterina, porém as de contração rápida o fazem às 32 semanas.

Larsson e col. (1978), propuseram que a partir dos 22 e até os 65 anos de vida de um homem aumentam as porcentagens de fibras lentas (ST).

Tabela 21– Quadro comparativo das fibras musculares brancas e vermelhas segundo Grosser e Cols, (1983)

Aspecto em situação não tratada	**Vermelha (alto conteúdo de mioglobina) delgada**	**Brancas (pálida em comparação com as fibras vermelhas (grossas)**
Velocidade de contração	Lenta	Rápida
Função principal	Resistência, mas também condições favoráveis para o trabalho isométrico	Força explosiva
Exemplos de músculos cujo conteúdo principal é de um tipo de fibra	Músculo reto abdominal e o reto anterior femoral	Músculo bíceps braquial e o perônio lateral.

Tabela 22 – Características e diferenças dos tipos de fibras de contração lenta (vermelhas ou ST) e as de contração rápida (brancas ou FT), segundo García Manso e col. 1997.

Propriedade	Fibras vermelhas ou St.	Fibras brancas ou FT.
Atividade da AT Pasa miofibrilar	Baixa	Alta
Atividade enzima mitocondrial	Alta	Baixa
Atividade enzima glucogenolítica	Baixa	Alta
Conteúdo de glicógeno	Sem diferença	Sem diferença
Conteúdo de mioglobina	Alta	Baixa
Densidade capilar	Alta	Baixa
Velocidade de contração	Baixa	Alta
Resistência à fadiga	Alta	Baixa

Por outro lado, Glenmark (1994) assinala que com o passar dos anos existe um incremento das fibras musculares de contração lenta (ST) nas mulheres, ocorrendo o contrário nos homens.

No entanto, alguns estudos recentes assinalam que com um treinamento adequado se pode chegar a transformar a composição muscular. Neste sentido, é recomendável para a iniciação esportiva com vistas ao alto rendimento a realização de exames que permitam determinar o tipo de fibra predominante em um indivíduo; com relação a isto e conjuntamente tendo em conta outros fatores, orientar o tipo de esporte a praticar, sem obviar o gosto e interesse que sinta uma criança por uma determinada modalidade esportiva.

• *As fontes energéticas e a regeneração*

Indubitavelmente a força como capacidade física requer de fontes energéticas que lhe oferece a energia necessária para o trabalho muscular. Além disso, o seu bom funcionamento depende da rapidez e a eficiência dos processos de ressíntese e regeneração.

Mesmo que a maioria dos exercícios de força se realizem, na atualidade, abaixo das condições de esforços anaeróbicos alácticos, não significa que devamos obviar o trabalho da força com esforços anaeróbicos láctico e aeróbio.

Ehlenz e col. (1988) assinalaram que a capacidade de recuperação dos músculos é possível se melhorarem as fontes energéticas aeróbias.

A fonte energética para poder resintetizar a molécula de ATP a formam os armazéns de creatina-fosfato, sendo que entre os 1-3 minutos tem lugar a regeneração.

• *Comportamento hormonal*

Não existem dúvidas entre os estudiosos do tema hoje em dia, da importância vital que desempenham os hormônios do homem no desenvolvimento da força e a potência muscular.

A resposta dos hormônios está determinada pelo grau de estimulação que provocam as cargas físicas no esportista, ou seja, conteúdo da carga, especificidade, volume, intensidade, ordem e distribuição das mesmas, assim como o nível de recuperação entre repetições, séries, etc.

Os hormônios que maior implicação têm na hipertrofia do músculo são fundamentalmente os hormônios de crescimento GH, a insulina, testosterona e somatomedinas, além das catecolaminas que repercutem sobre o grau de tensão muscular.

Os *hormônios* GH ou *hormônios de crescimento* têm uma função anabólica e está estreitamente associado ao metabolismo dos lipídios e à regulação da glicemia. Estes hormônios se estimulam durante o treinamento se a intensidade do trabalho e o volume é suficientemente elevado. "Em caso do treinamento com mulheres durante o ciclo menstrual e um trabalho de força com baixas cargas não se produz resposta das GH. (Terreros e Fernández, 1994).

A *insulina* tem a função de manter os níveis de glicemia no sangue. Aumenta a entrada de glicose no músculo e a captação de aminoácidos com que diminui seu catabolismo.

95% da produção de *testosterona* no homem tem lugar nos testículos, os quais produzem aproximadamente de 6-7 mg por dia, enquanto que as mulheres produzem 10 ou 20 vezes menos 0.15 a 0.4 mg por dia (García Manso e col., 1997).

A testosterona provoca dois efeitos fundamentais no organismo:

- Um Andrógeno e o outro,
- Anabólico.

Alguns autores coincidem em que os níveis de testosterona pode chegar a aumentar com exercícios de força com grande intensidade.

Baechle, (1994) assinalou alguns critérios para aumentar os níveis de testosterona durante o treinamento:

- Utilizar exercícios que impliquem grandes grupos musculares.
- Alta intensidade nos exercícios.

- Elevado volume de treinamento.
- Curtos intervalos de recuperação (30-60 segundos).

As *somatomedinas* determinam a ação dos hormônios de crescimento GH no músculo e constituem receptores destes últimos. Os exercícios de força aumentam os níveis de somatomedinas.

- *Idade e sexo*

Tanto a idade como o sexo são aspectos determinantes no desenvolvimento da força muscular. Podemos propor que a idade idônea para o desenvolvimento da força muscular na mulher oscila entre os 12 – 18 anos de idade, enquanto nos homens este período abrange desde os 15 até os 22 anos aproximadamente.

II – Condições psicológicas do atleta

A motivação para a prática dos exercícios de força constituem um fator essencial no desenvolvimento da força do atleta. Geralmente existe uma maior predisposição nos homens para este tipo de atividade que nas mulheres.

No entanto, nos últimos tempos tanto as mullheres quanto os homens têm tomado consciência com relação à sistematização de exercícios de forças, pelas vantagens que este oferece ao corpo humano, o endurece e talvez pelo instinto natural que sentimos todos em ter um corpo esbelto, atlético e fortalecido do sexo oposto.

Por outro lado o sentimento que nos invade de nos prepararmos bem para participar em determinadas competições, amor pela estética corporal ou talvez sentimentos de compromissos ante a sociedade, as amizades e a família de preparar-se para um evento esportivo, constituem entre outros, aspectos elementais que motivam e despertam interesse pela prática de exercícios de força.

Os treinadores devem motivar aos atletas e estes devem criar consciência do vitalício que é para sua formação integral este tipo de treinamento. Os treinadores devem assegurar uma correta e adequada dosagem das cargas de forças, permitindo aos atletas assimilar corretamente as mesmas, sem que apareça falta de resistência ou lesão estabelecendo condições idôneas para seu desenvolvimento.

Fatores exógenos que condicionam o desenvolvimento da força muscular

- *Alimentação*

A alimentação desempenha um papel sumamente importante no desenvolvimento muscular do atleta. A alimentação é o processo pelo qual se fornece os necessários hidratos de carbono, proteínas, lipídios, água, sais minerais, vitaminas, etc. Estes compostos asseguram a entrada ao organismo de toda a energia química necessária para posteriormente transformá-la em energia mecânica. As proteínas combinam um papel elementar na formação e desenvolvimento da massa muscular de um indivíduo. Em todo este processo é indispensável ter presente três aspectos fundamentais:

- Variabilidade dos alimentos a consumir.
- Quantidade e qualidade dos mesmos.
- Freqüência diária em que se consomem.

- *Sistema de vida do atleta*

Quando um indivíduo se submete com um caráter sistemático e com objetivo definido à prática de exercícios de força deve-se estabelecer um sistema de vida estável, com extrema tranqüilidade, sem o consumo de bebidas alcoólicas, cigarro ou drogas. O atleta deve compreender que o sono é um reparador de energias incomparável. Os atletas jovens devem destinar ao sono em torno de 7 ou 8 horas no mínimo.

- *Tipo de treinamento*

A qualidade do processo de treinamento esportivo ao qual deverá submeter-se o atleta durante um período determinado é indispensável em seu desenvolvimento integral. Tanto as cargas diárias a realizar, suas repetições como sua combinação e distribuição no tempo e freqüência semanal, são elementos organizativos muito importantes na planificação do treinamento.

O trabalho de força requer essencialmente de um rigoroso controle das cargas, de um aumento gradual e paulatino das mesmas, conforme o grau de assimilação que se vai desenvolvendo durante o processo de treino. Também é importante a diversidade de meios e métodos a utilizar e certamente, o ótimo aproveitamento de seus períodos sensitivos.

- *Condições materiais disponíveis*

O desenvolvimento da força muscular do homem depende circunstancialmente da qualidade e a quantidade de meios disponíveis para o trabalho da mesma. Quando dispomos de boas condições materiais, então maiores possibilidades teremos para fortalecer os diferentes planos musculares.

3.4 – Efeitos que produzem o desenvolvimento da força no organismo dos atletas em treinamento

Sem lugar a dúvidas, o desenvolvimento da força provoca no organismo do atleta um conjunto de transformações que o preparam e o beneficiam para as atividades físico esportivas. Dentro dos efeitos mais visíveis se encontram os seguintes:

1. Aumenta o número de miofibrilas musculares e com isso o volume muscular (hipertrofia muscular).
2. Melhora os mecanismos de oxidação.
3. Melhora a capacidade para neutralizar o ácido láctico.
4. Aumenta o número e tamanho das mitocôndrias.
5. Aumenta as reservas de fontes energéticas (fosfocreatina e glicógeno).
6. Melhora a excitabilidade elétrica e crescimento da velocidade de excitação.
7. Melhora a inervação intramuscular.
8. Melhora a coordenação intermuscular.

3.5 – Meios fundamentais para educar e desenvolver a força

Dentro dos meios fundamentais para a educação e desenvolvimento da força como capacidade física condicional se encontra:

1. Os exercícios que implicam levantamento de pesos.
2. Exercícios com o próprio peso corporal.

3. Exercícios com aparelhos elásticos.
4. Exercícios de velocidade máxima.
5. Exercícios utilizando o meio natural (água, areia, pendentes).
6. Exercícios de trabalho natural.

3.6 – Métodos essenciais para o desenvolvimento didático - pedagógico da força

Isto talvez seja um dos temas mais discutidos na atualidade. Múltiplos critérios invadem constantemente tanto o sistema metodológico do treinamento esportivo como o processo docente educativo da Educação Física porém, não existe uma opinião unificada à respeito.

Se partimos de que o método é um componente didático importantíssimo dentro do processo de ensino e aprendizagem, o qual exerce a função de estabelecer uma relação entre o potencial cognitivo do professor e a fonte de aquisição de conhecimentos atuais, habilidades e capacidades por parte do atleta, então podemos afirmar que o método oferece a via para o trabalho didático, nos auxilia a metódica, os passos metodológicos para transmitir algo, em outras palavras nos mostra a estrutura organizacional do conteúdo (carga física).

O método dentro do processo de treinamento e na Educação Física, oferece ao professor ou treinador a forma didática para realizar o conteúdo previamente dosado com objetivos claramente definidos. Em meio da confusão que existe quanto aos métodos a utilizar para o desenvolvimento da força tanto para professores como para treinadores esportivos, oferecemos um conjunto de métodos para o desenvolvimento desta capacidade. Eles não constituem um dogma a seguir, mas, sim, é uma classificação lógica para a compreensão desta categoria didática.

Com a presente classificação de métodos para o desenvolvimento da força esperamos satisfazer as necessidades que surgem das contradições existentes na atualidade e mostrar uma estrutura que garanta sua aplicação sem complexidades.

Gráfico 11 – Relação de métodos para o desenvolvimento da força

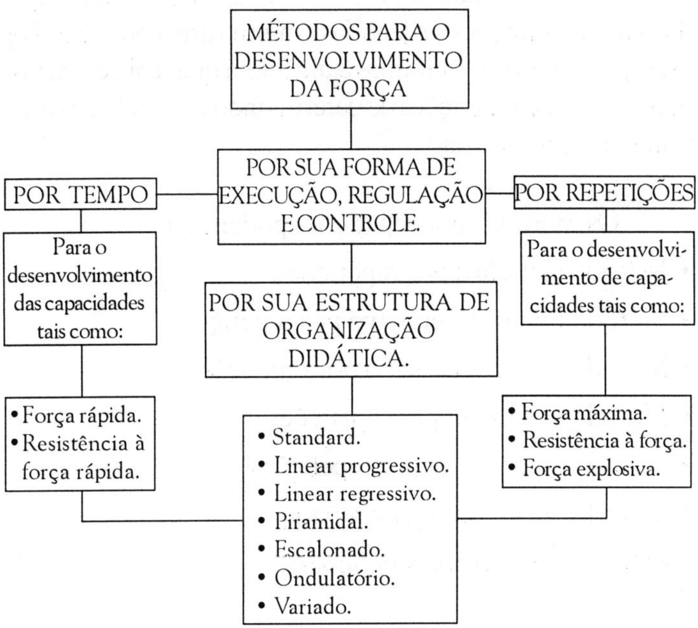

Pela sua forma de execução, regulação e controle os métodos para o desenvolvimento da força podem ser:

- Métodos por repetições.
- Métodos por tempo.

Os *métodos por repetições* são aqueles que se executam, regulam e controlam pela quantidade de exercitações que se realiza em um turno ou série de trabalho. Por exemplo, quando realizamos com pesos, força de braços deitado no banco com uma carga de dez repetições com 75% da força máxima ou quando se realiza o máximo de repetições na barra fixa.

Os *métodos por tempo* são aqueles que se executam, regulam e controlam a partir do tempo de trabalho que dura as exercitações ordenadas em um turno ou série. Por exemplo, quando solicitamos a um atleta que realize a maior quantidade de repetições de determinado exercício em uma unidade de tempo dado.

Os métodos por repetições podem ser:

- Método standard por repetições.
- Método linear progressivo por repetições.
- Método linear regressivo por repetições.
- Método piramidal por repetições.
- Método escalonado por repetições.
- Método ondulatório por repetições.
- Método variado por repetições.

- *Método standard por repetições*
- Se caracteriza por um volume e uma intensidade constante.

- Garante maiores possibilidades de adaptação às cargas.
- Deve utilizar-se com freqüência ao princípio da preparação de força.
- Se utiliza para o desenvolvimento da força máxima e a resistência da força.

  Exemplo: Quando realizamos um trabalho de força com a seguinte dosagem:

  Objetivo: resistência à força das pernas.

  Exercício: agachado com pesos.

  Recuperação entre repetições: 1-2 minutos.

  Recuperação entre séries: 3- 5 minutos.

  Total de agachamentos a realizar: 120.

Tabela 23 – Método standard por repetições

Nº de séries	Nº de turnos	Repetições	% de força máxima	Ritmo do exercício
1	4	15	45	Moderado
2	4	15	45	Moderado

- *Método linear progressivo por repetições*
- Se caracteriza fundamentalmente por um crescimento uniforme da intensidade do exercício e a diminuição do volume.
- Se utiliza com freqüência com o objetivo de elevar os níveis de força máxima.
- Seu objetivo é aumentar o grau de intensidade das cargas.

Exemplo: Quando realizamos um trabalho de força com a seguinte dosagem:

Objetivo: força máxima de braços.

Exercício: força de braços deitado no banco com pesos.

Recuperação entre repetições: 1-3 minutos.

Recuperação entre séries: 3-5 minutos.

Total de repetições a realizar: 30.

Tabela 24 – Método linear progressivo por repetições

Nº de séries	Nº de turnos	Nº de repetições	% da força máxima
1	1	8	75
	2	7	80
	3	6	85
	4	5	90
	5	4	95

- *Método linear regressivo por repetições*

- Se recomenda em atletas altamente treinados.
- Seu objetivo é o desenvolvimento da força em qualquer de suas modalidades.
- Se caracteriza fundamentalmente por um crescimento uniforme do volume da carga e uma diminuição da intensidade.

Exemplo: Quando realizamos um trabalho de força com a seguinte dosagem:

Objetivo: força máxima de braços.

Exercício: força de braços deitado no banco com pesos.

Recuperação: entre repetições: 1-3 minutos.

Recuperação entre séries: 3-5 minutos.

Total de repetições a realizar: 60.

Tabela 25 – Método linear regressivo por repetições

Nº de séries	Nº de turnos	Nº de repetições	% da força máxima
2	1	4	95
	2	5	90
	3	6	85
	4	7	80
	5	8	75

- *Método piramidal por repetições*

Se caracteriza em um primeiro momento onde cresce a intensidade e diminui o volume e seguidamente começa a decrescer a intensidade e cresce o volume.

Exemplo: Quando realizamos um trabalho de força com a seguinte dosagem:

Objetivo: força máxima de braços.

Exercício: força de braços deitado no banco com pesos.

Recuperação entre repetições: 1-3 minutos.

Recuperação entre séries: 3-5 minutos.

Total de repetições a realizar: 68.

Tabela 26 – Método piramidal por repetições

Nº de séries	Nº de turnos	Nº de repetições	% da força máxima
1	1	10	70
	2	9	75
	3	8	80
	4	7	85
	5	7	85
	6	8	80
	7	9	75
	8	10	70

- *Método escalonado por repetições*

- Constitui uma espécie de fusão entre o método standard de repetições e o linear progressivo.
- Se caracteriza por repetir a mesma carga várias vezes e depois começa a crescer a intensidade do exercício e a diminuir o volume.

Exemplo: Quando realizamos um trabalho de força com a seguinte dosagem:

Objetivo: força máxima de ombros.

Exercício: força de ombros sentado no banco com pesos.

Recuperação entre repetições: 1-3 minutos.

Recuperação entre séries: 3-5 minutos.

Total de repetições a realizar: 56.

Tabela 27 – Método escalonado por repetições

Nº de séries	Nº de turnos	Nº de repetições	% da força máxima
1	1	10	75
	2	10	75
	3	8	80
	4	8	80
	5	6	85
	6	6	85
	7	4	90
	8	4	90

- *Método ondulatório por repetições*

- Se caracteriza por alternar progressivamente a carga física durante o treinamento.
- Seu objetivo está em variar o grau de estimulação da carga.

Exemplo: Quando realizamos um trabalho de força com a seguinte dosagem:

Objetivo: força máxima de ombros.

Exercício: força de ombros sentado no banco com pesos.

Recuperação entre repetições: 1-3 minutos.

Recuperação entre séries: 3-5 minutos.

Total de repetições a realizar: 57

Tabela 28 – Método ondulatório por repetições

Nº de séries	Nº de turnos	Nº de repetições	% da força máxima
1	1	9	70
	2	8	75
	3	9	70
	4	7	80
	5	8	75
	6	5	90
	7	6	85
	8	5	90

- *Método variado por repetições*

- Se caracteriza pela diversidade no grau de estimulação das cargas, o que possibilita a multilateralidade do trabalho.
- Garante durante uma mesma carga de trabalho a implicação de vários planos musculares.
- É muito importante sua utilização em idades escolares e juvenis.
- Deve utilizar-se ao princípio da preparação do esportista, com o objetivo de conseguir a adaptabilidade de todos os sistema e órgãos.

Exemplo: Quando realizamos um trabalho de força com a seguinte dosagem:

Objetivo: desenvolvimento multilateral da resistência à força.

Exercício: múltiplos.

Recuperação entre repetições: 1.30 – 2 minutos.

Recuperação entre séries: 3-5 minutos.

Tabela 29 – Método variado por repetições

Nº de séries	Tipos de exercícios	Nº de turnos	Nº de repetições	% da força máxima
2	Agachamentos com pesos	1	20	45
	Força de braços deitado	2	15	45
	Extensão de pernas com pesos sobre os ombros	3	30	45
	Força dos ombros	4	15	45
	Abdominais	5	30	-
	Assaltos à frente com pesos nos ombros	6	10 com perna esquerda e 10 com perna direita	45
	Paralelas	7	12	-
	Barras	8	8	-

Por outro lado os métodos por tempo podem ser também:

- Método standard por tempo.
- Método linear progressivo por tempo.
- Método linear regressivo por tempo.
- Método piramidal por tempo.
- Método escalonado por tempo.
- Método ondulatório por tempo.
- Método variado por tempo.

Estes métodos têm a mesma característica que os de repetições, com a diferença de que aqui se controla e se organiza a carga física pelo tempo de trabalho a realizar, sendo o objetivo fundamental a realização da maior quantidade de repetições em uma unidade de tempo. Na continuação exporemos alguns exemplos destes métodos na prática.

- *Método standard por tempo*

  Objetivo: força rápida de braços.

  Exercício: parados em forma de passos, contrações excêntricas e concêntricas em direção acima.

  Recuperação entre repetições: 1-3 minutos.

  Recuperação entre séries: 3-5 minutos.

Tabela 30 – Método standard por tempo

Nº de série	Nº de turnos	Tempo de trabalho	% de força máxima	Ritmo do exercício
2	1	10	35	Muito rápido
	2	10	35	Muito rápido
	3	10	35	Muito rápido
	4	10	35	Muito rápido
	5	10	35	Muito rápido
	6	10	35	Muito rápido

- *Método linear progressivo por tempo*

  Objetivo: força rápida de braços.

  Exercício: força de braços deitado no banco.

  Recuperação entre repetições: 1-3 minutos.

  Recuperação entre séries: 3-5 minutos.

Tabela 31 – Método linear progressivo por tempo

Nº de série	Nº de turnos	Tempo de trabalho	% de força máxima	Ritmo do exercício
2	1	10	15	Muito rápido
	2	10	20	Muito rápido
	3	10	25	Muito rápido
	4	10	30	Muito rápido
	5	10	35	Muito rápido
	6	10	40	Muito rápido

- *Método linear regressivo por tempo*

  Objetivo: força rápida de braços.

  Exercício: força de braços deitado no banco.

  Recuperação entre repetições: 1-3 minutos.

  Recuperação entre séries: 3-5 minutos.

Tabela 32 – Método linear regressivo por tempo

Nº de séries	Nº de turnos	Tempo de trabalho	% da força máxima	Ritmo do exercício
2	1	10	40	Muito rápido
	2	10	35	Muito rápido
	3	10	30	Muito rápido
	4	10	25	Muito rápido
	5	10	20	Muito rápido
	6	10	15	Muito rápido

- *Método piramidal por tempo*

  Objetivo: resistência à força rápida de pernas.

  Exercício: semi-agachamentos.

  Recuperação entre repetições: 3-5 minutos.

  Recuperação entre séries: 8-10 minutos.

Tabela 33 – Método piramidal por tempo

Nº de série	Nº de turnos	Tempo de trabalho	% de força máxima	Ritmo do exercício
2	1	30	35	Rápido
	2	30	40	Rápido
	3	30	45	Rápido
	4	30	45	Rápido
	5	30	40	Rápido
	6	30	35	Rápido

- *Método escalonado por tempo*

  Objetivo: resistência à força rápida de braços.

  Exercício: força de braços deitado no banco.

  Recuperação entre repetições: 3-5 minutos.

  Recuperação entre séries: 8-10 minutos.

Tabela 34 – Método escalonado por tempo

Nº de série	Nº de turnos	Tempo de trabalho	% de força máxima	Ritmo do exercício
2	1	30	35	Rápido
	2	30	35	Rápido
	3	30	40	Rápido
	4	30	40	Rápido
	5	30	45	Rápido
	6	30	45	Rápido

- *Método ondulatório por tempo*

  Objetivo: força rápida de braços.

  Exercício: força de braços deitado no banco.

  Recuperação entre repetições: 1-3 minutos.

  Recuperação entre séries: 3-5 minutos.

Tabela 35 – Método ondulatório por tempo

Nº de série	Nº de turnos	Tempo de trabalho	% da força máxima	Ritmo do exercício
2	1	10	15	Muito rápido
	2	10	25	Muito rápido
	3	10	20	Muito rápido
	4	10	30	Muito rápido
	5	10	25	Muito rápido
	6	10	35	Muito rápido

- *Método variado por tempo*

  Objetivo: desenvolvimento multilateral da resistência à força rápida.

  Exercício: múltiplos.

  Recuperação entre repetições: 3-5 minutos.

  Recuperação entre séries: 8-10 minutos.

Tabela 36 – Método variado por tempo

Nº de séries	**Tipos de exercícios**	**Nº de turnos**	**Tempo de trabalho**	**% de força máxima**
2	Agachamentos com pesos	1	45"	45
	Força de braços deitado	2	45"	45
	Extensão de pernas com pesos sobre os ombros	3	45"	45
	Força dos ombros	4	45"	45
	Abdominais	5	45"	-
	Trote elevando coxa no lugar	6	45"	-
	Paralelas	7	30"	-
	Barras	8	30"	-

CAPÍTULO 4

FUNDAMENTOS BÁSICOS PARA O TREINAMENTO DA RAPIDEZ

4.1 – Definição do conceito de rapidez como capacidade física do homem

Dentro das capacidades físicas do homem o das modalidades na qual o homem manifesta seu condicionamento físico, a rapidez é, sem dúvida, uma das mais complexas e das que ainda falta muito para conhecer. É evidente que este tipo de capacidade humana gera constantemente uma alta intensidade de trabalho. Sua essência fundamental se caracteriza por um tempo de trabalho extremamente curto (10 segundos aproximadamente), seu ritmo de execução é muito rápido (o máximo de possibilidade do organismo). A carga física que caracteriza esta capacidade eleva a freqüência cardíaca consideravelmente e o sistema energético que utiliza é o sistema dos fosfágenos, que emprega o ATP e o creatina fosfato como energia.

Sobre esta capacidade podemos adicionar que é conhecida como velocidade, em nosso critério é um termo mal empregado, a velocidade constitui para nós a magnitude que mede a capacidade de rapidez de um sujeito determinado, conhecido na física a partir da seguinte equação:

$$V = \frac{S}{T}$$

V= Velocidade. S= Espaço. T= Tempo.

Para definir o conceito de rapidez acreditamos ser necessário expor os critérios de vários autores a respeito. Tabela 37.

Tabela 37– Relação de conceitos da capacidade de rapidez segundo vários autores

Autor e ano	**Definição que assume (rapidez ou velocidade) e sua conceitualização**
Frei (1977)	A rapidez é a capacidade que permite, em base à mobilidade dos processos do sistema euromuscular e das propriedades dos músculos para desenvolver a força, realizar ações motoras em um lapso de tempo situado abaixo das condições mínimas dadas.
Gundlach (1980)	A rapidez é a capacidade de produzir uma grande aceleração à princípio do avanço, e de mantê-la durante o máximo tempo possível, para alcançar a mais alta velocidade.
Ozolin (1983)	O conceito da rapidez nos esportes abrange: a própria velocidade do movimento, sua freqüência e a rapidez de reação motora.
Ariel Ruiz Aguilera (1985)	A rapidez é a capacidade condicional indispensável para realizar por baixo condições dadas, ações motoras no menor tempo possível.
Forteza e Ranzola, (1986)	A rapidez é a capacidade de realizar uma tarefa motriz em determinadas situações em um relativo mínimo de tempo ou com uma máxima freqüência.
Erwin Hanh (1988)	A velocidade é a capacidade do ser humano de realizar ações motoras com máxima intensidade e dentro das circunstâncias em tempo mínimo; pressupondo que a tarefa seja de curta duração e de que não se apresente cansaço.
Renato Manno (1994)	Por rapidez se entende um conjunto heterogêneo de componentes como: o tempo da reação motora, a rapidez de cada um dos movimentos e o ritmo dos movimentos.
García Manso e col. (1996)	A rapidez representa a capacidade de um sujeito para realizar ações motoras em um mínimo de tempo e com o máximo de eficácia.
Adalberto Collazo (2002)	A rapidez é a capacidade que possui o sistema neuromuscular do organismo humano de reagir ante um estímulo externo e a de transladar um segmento muscular ou o próprio corpo de um lugar a outro o menor tempo possível, nunca superior aos 10 segundos.

Gráfico 12 – Estrutura típica da capacidade de rapidez

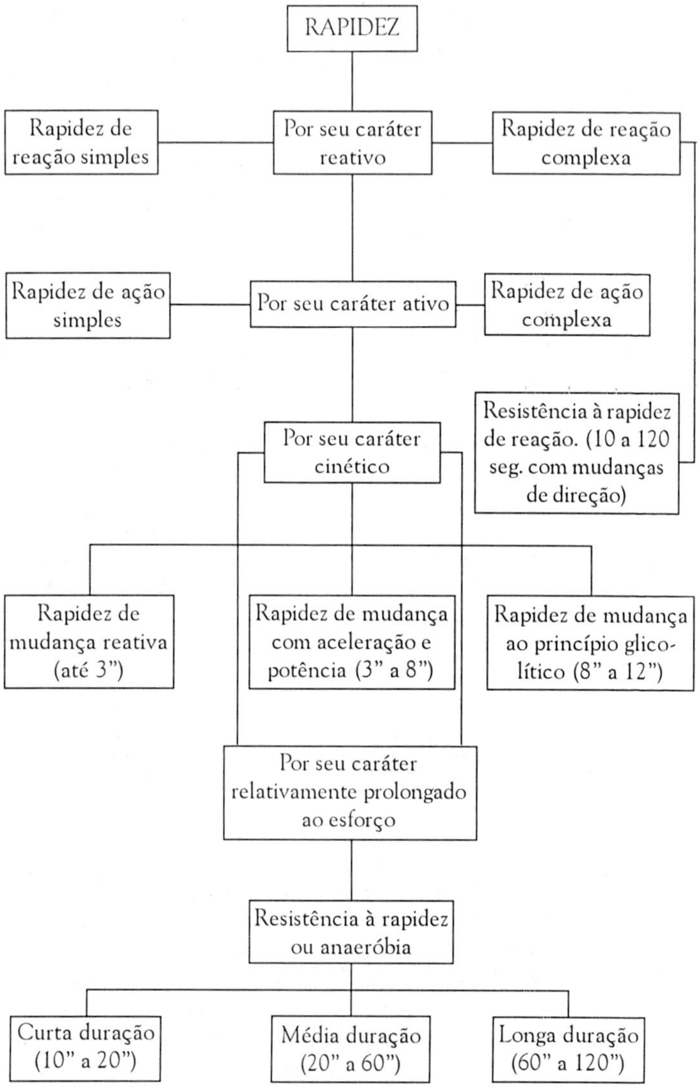

4.2 – Estrutura típica da capacidade de rapidez

- *Por seu caráter reativo*

Por seu caráter reativo a capacidade de rapidez se subdivide em rapidez de reação simples ou complexa.

A *rapidez de reação simples* é a capacidade do organismo de reagir ante um estímulo. Exemplo disto constitui o disparo da saída em esportes tais como: o atletismo, a natação, o remo e caiaque.

Por outro lado, entendemos que *rapidez de reação complexa* é a capacidade do organismo de reagir com rapidez e eficácia ante diferentes estímulos desconhecidos de tipo externo. Por exemplo, capacidade de reagir ante os golpes do contrário no boxe ou no tênis de mesa ou de campo.

- *Por seu caráter ativo*

Tendo em conta o caráter ativo desta capacidade, podemos dizer que esta se subdivide em rapidez de ação simples e complexa.

A *rapidez de ação simples* é a capacidade que possui o organismo humano de realizar movimentos espaço corporais com uma elevada rapidez de contração em exercícios de pouca complexidade de coordenação. Esta capacidade se manifesta no esporte, por exemplo, quando se tira uma técnica de pé no caratê ou um swing no boxe.

Entretanto a *rapidez de ação complexa* constitui uma capacidade do organismo de realizar movimentos espaço corporais com uma elevada rapidez de contração em exercícios que exigem uma alta complexidade de coordenação em sua execução. Exemplo de como se manifesta esta capacidade no esporte, o constitui o remate no voleibol, o bater no beisebol, etc.

- *Por seu caráter cinético*

Por seu caráter cinético subdividimos a capacidade de rapidez: em *rapidez de mudança reativa*, que não é mais que a capacidade que tem um indivíduo de reagir e mudar um plano muscular ou seu próprio corpo de um ponto a outro no menor tempo possível, sempre e quando a duração do esforço for inferior aos 3 segundos, quer dizer, que este tipo de rapidez utiliza como substrato energético o ATP disponível nos músculos.

A *rapidez de mudança com aceleração e potência*, é a capacidade que possui um organismo humano de mudar seu corpo de um lugar a outro no menor tempo possível, sempre e quando a duração do esforço oscile entre os 4" e os 8". Este esforço toma como componente energético o creatina-fosfato (CP).

Entretanto a *rapidez de mudança ao princípio glicolítico* é a capacidade do organismo de poder manter o ritmo de execução intensa com grande eficácia em um tempo que oscila entre os 8" e os 12" aproximadamente. Denominamos de mudança ao princípio glicolítico, porque facilmente entre os 8 e 12 segundos aproximadamente começam a esgotar as reservas dos fosfágenos, dando assim, passagem ao sistema glicolítico, com sua fase anaeróbia e posteriormente aeróbia.

- *Por seu caráter relativamente prolongado ao esforço*

Por seu caráter relativamente prolongado ao esforço podemos nomeá-la de duas formas:

- Resistência à rapidez.
- Resistência anaeróbia.

Para ambos os termos devemos entender o mesmo; para alguns autores a resistência à rapidez constitui um tipo de rapidez, no entanto outros já chamaram de resistência anaeróbia, quer dizer a especificam como um tipo de resistência. Ambos os critérios são aceitos, por isso consideramos colocar ao classificar a capacidade de rapidez. Ao trabalhar esta capacidade na prática se faz necessário levar em consideração a seguinte classificação quanto ao tempo de trabalho, segundo Hollmann e Hettinger, e que já abordamos anteriormente (ver gráfico 12).

4.3 – Fatores principais que condicionam o desenvolvimento da rapidez

Fatores endógenos que condicionam o desenvolvimento da rapidez

No desenvolvimento da rapidez intervém tanto os fatores de caráter exógeno como endógeno. São múltiplos os aspectos que condicionam o desenvolvimento da rapidez como capacidade em um organismo humano. Esse será o objetivo fundamental desta epígrafe (gráfico 13).

Os fatores endógenos constituem aspectos definidamente próprios do organismo do atleta. Na continuação explicaremos a essência de cada um destes fatores.

Gráfico 13 – Fatores endógenos e exógenos que condicionam o desenvolvimento da rapidez como capacidade condicional do homem

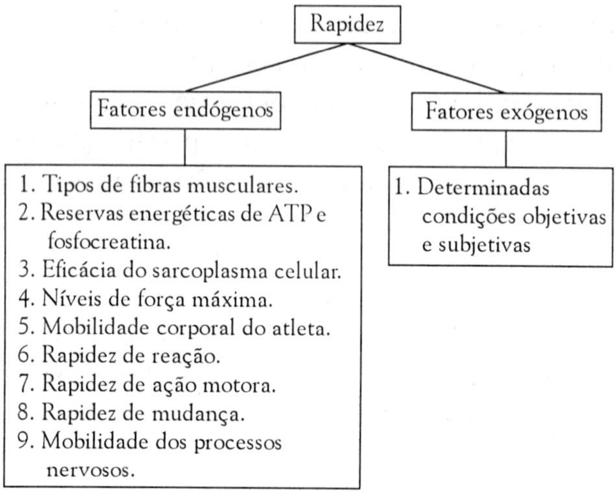

- *Tipos de fibras musculares*

A composição das fibras musculares no organismo humano depende fundamentalmente de fatores de caráter genético e hereditário. Se conhece que as fibras rápidas (FT), e o (FTO ou FTG) são as que intervém no trabalho de máxima velocidade. A distribuição deste tipo de fibra muscular no organismo segundo (Badtke, 1987,38) pode encontrar-se entre 40 –50% da massa corporal do indivíduo; destes: 60% de FTO e 40% de FTG, porém segundo (Hollmann/ Hettinger, 1981) esta distribuição pode variar até uma correlação de 90:10, estes são indivíduos conhecidos como os velocistas natos. Esta desmedida proporção em alguns sujeitos se convertem em atitudes essenciais para alcançar altos resultados esportivos a nível mundial enquanto a velocidade se refere.

- *Reservas energéticas de ATP e fosfocreatina*

Sem dúvida, é conhecido por todos, a estreita relação existente entre o tipo de fibra muscular e as reservas energéticas. Nas fibras musculares FT (Fast Twicht) existem grandes concentrações de ATP e fosfocreatina, estes substratos energéticos garantem a energia muscular para realizar atividades físico esportivas que requerem elevadas concentrações ou tensões musculares, o que implica que o treinamento específico para o desenvolvimento da rapidez pode chegar a aumentar as reservas energéticas de ATP e creatina-fosfato, chegando inclusive a modificar o tipo de fibra. Além disso, se conhece atualmente que com um treinamento especial se chega a aumentar as reservas de fosfágenos mas em proporções limitadas, o que acontece é que um atleta treinado chega a aperfeiçoar este sistema, fazendo-o muito mais efetivo se o comparamos com outro atleta menos treinado.

- *Eficácia do sarcoplasma celular*

Muitas investigações efetuadas na atualidade, confirmam categoricamente que a produção de energia anaeróbia tem lugar no sarcoplasma celular. A eficácia deste mecanismo de produção de energia (ATP) está dada pelas possibilidades que possui o organismo de armazenar este tipo de substrato e em que medida o utilizar. Além disso, se quisermos desenvolver a eficácia do sarcoplasma celular temos que repetir o exercício ou o estímulo sistematicamente com cargas de caráter anaeróbio, pois só se produzirá essa energia se a gastarmos (Síndrome de Hans Seyle).

- *Níveis de força máxima*

Geralmente se diz que a maioria dos halterofilistas são muito rápidos. Na atualidade se observarmos o somatotipo dos grandes velocistas a nível mundial, nos damos conta do enorme desenvolvimento muscular que estes possuem. A prática nos permite conhecer que quando realizamos ou desenvolvemos altos níveis de força máxima, os músculos se contraem, dotando-se assim, de uma maior capacidade de resposta ante os impulsos nervosos e assim, maiores faculdades para efetuar ações motoras esportivas com alta velocidade de execução.

- *Mobilidade corporal do atleta*

Para o desenvolvimento da rapidez de um atleta é indispensável o desenvolvimento da mobilidade corporal, já que esta não somente permite a amplitude e freqüência dos passos sem que garanta uma maior agilidade dos movimentos técnicos, mais habilidade, melhor coordenação intramuscular e intermuscular, etc. Temos a hipótese, ainda sem comprovar cientificamente, que um indivíduo pode chegar a ser rápido sem correr, somente fazendo exercícios para o desenvolvimento da mobilidade e da força máxima. Uma capacidade garante o relaxamento, entretanto, a outra permite a contração.

- *Rapidez de reação*

Desde o ponto de vista prático, o desenvolvimento da rapidez depende inicialmente da capacidade com que o sujeito é capaz de reagir ante o estímulo externo, que se expressa no lapso de tempo em que se sente ou percebe o estímulo, é captado pelo sujeito e o começo da resposta motora por parte do atleta.

Tanta importância tem esta capacidade hoje em dia para os corredores de distâncias curtas como os 60 e 100 metros rasos e com obstáculos, que se propõe para que um corredor tenha boa arrancada deve realizar a saída abaixo de 0.135 milésimos de segundos.

- *Rapidez de ação motora*

Esta capacidade desenvolvida proporciona ao atleta uma qualidade necessária para realizar ações motoras com elevada rapidez e contração muscular. A rapidez de ação motora está estreitamente vinculada na prática com a força rápida; é muito difícil separá-las, pois sempre formam parte daquelas ações motoras de máxima intensidade e intervalos de tempo muito curtos.

- *Rapidez de mudança*

Tanto a rapidez de mudança reativa, a de aceleração de potência, como a de mudança ao princípio glicolítico constitui capacidades onde o atleta expõe sua condição física para realizar ações motoras no menor tempo possível; é precisamente nestas capacidades onde se pode comprovar o nível de desenvolvimento da rapidez como capacidade do organismo.

- *Mobilidade dos processos nervosos*

Este constitui um fator essencial no desenvolvimento da rapidez; é eminentemente condicionado por um fator genético e hereditário, sua essência radica na capacidade que possui um organismo humano para dar resposta rápida às constantes exigências intramusculares e intermusculares que têm lugar nas ações que geram altas intensidades musculares.

Fatores exógenos que condicionam o desenvolvimento da rapidez

Como bem havíamos proposto anteriormente, existem determinados fatores de caráter externo que condicionam o desenvolvimento da rapidez como capacidade condicional, que igual as demais capacidades constituem aspectos fundamentais na integração de seu desenvolvimento, nos referimos essencialmente aos seguintes fatores:

- O ótimo aproveitamento dos chamados períodos sensitivos ou críticos do desenvolvimento da rapidez que tem lugar no processo de evolução natural do homem.
- O sistema de vida que contempla a alimentação, sono, atividades que realiza diariamente, etc.
- Tipo de treinamento que realizou e realiza.
- Conhecimentos científicos, teóricos, metodológicos, pedagógicos, psicológicos e esportivos que possui o treinador que atende ao atleta.
- Meios disponíveis com que se conta para o treinamento.
- Grau de motivação e vontade do sujeito.
- Possibilidades competitivas.

4.4 – Efeitos que produzem o desenolvimento da rapidez no organismo dos atletas em treinamento

Primeiramente devemos explicar brevemente e de forma resumida que tem lugar a grandes riscos no organismo humano quando efetuamos uma carga física dirigida ou no marco do desenvolvimento desta capacidade. Quando realizamos algum tipo de exercício destinado ao desenvolvimento da rapidez, devemos conhecer quais são aquelas mudanças que têm lugar no organismo, por exemplo, ao realizar uma corrida de velocidade de 60 metros planos, o sistema nervoso central recebe uma elevada estimulação e uma grande excitabilidade dos motoneurônios, o que obriga uma rápida resposta a nível intermuscular e intramuscular; se aumenta a freqüência cardíaca, geralmente a nível da zona anaeróbia aláctica, onde tem lugar uma elevada contração muscular como se realiza sem presença de oxigênio, ao concluir esta carga a dívida de oxigênio se eleva até 90-95%, as reservas de fosfágenos diminuem e aumentam as atividades enzimáticas no sarcoplasma celular. A grosso modo, estas são algumas das principais mudanças que têm lugar no organismo depois de realizar uma carga deste tipo. Porém, quando repetimos com certa freqüência esta carga durante uma sessão de treinamento e durante um período determinado, estas mudanças só não aumentam, mas marcam maiores níveis de adaptação no organismo do atleta, o que traz consigo a elevação das reservas de fosfágenos, em termos gerais, um nível superior de desenvolvimento.

Para maior compreensão do assunto, trataremos de plasmar as principais mudanças que têm lugar no organismo do atleta como resultado do desenvolvimento da rapidez como capacidade condicional.

- Aumenta a capacidade do organismo para a produção de energia anaeróbia a nível do sarcoplasma celular.
- Melhora a atividade de resposta dos motoneurônios.
- Melhora a capacidade anaeróbia aláctica.
- Melhora a coordenação neuromuscular.

- Aumenta a velocidade dos movimentos espaço-corporais.
- Melhora a capacidade de reação, ação e de mudança.
- Melhora a atividade da enzima miosina ATPasa.
- Aumenta os níveis de hidratos de carbono.

4.5 – Meios fundamentais para educar e desenvolver a rapidez

Muitos são os meios fundamentais para o desenvolvimento da rapidez. No entanto, nesta epígrafe trataremos de expor os meios que garantem o desenvolvimento da rapidez, segundo nosso critério.

- Exercícios de reação simples e complexa.
- Exercícios de rapidez de ação simples e complexa.
- Exercícios de agilidade.
- Exercícios de corridas de velocidade (até 30 metros).
- Exercícios de corridas de velocidade (30m a 60m).
- Exercícios de corridas de velocidade (60m a 100m).
- Exercícios pliométricos múltiplos.
- Exercícios de mobilidade.
- Exercícios de força máxima.

4.6 – Métodos essenciais para o desenvolvimento didático-pedagógico da rapidez

O gráfico abaixo apanha os principais métodos para o desenvolvimento da rapidez.

Gráfico 14 – Relação de métodos para o desenvolvimento da rapidez

- *Método de repetição standard*

- Não existem variações no conteúdo da carga que se realiza.
- As distâncias a percorrer se selecionam atendendo à etapa de preparação, idade, sexo e tipo de esporte que pratica.
- Tempo de recuperação entre repetições de 1-3 minutos.
- Tempo de recuperação entre série de 3-5 minutos.

Tabela 38– Método de repetição standard

Nº de séries	Nº de turnos	Carga/conteúdo	% de intensidade
2	1	60 m planos	85%
	2	60 m planos	85%
	3	60 m planos	85%
	4	60 m planos	85%
	5	60 m planos	85%

- *Método de repetição progressiva*

- Existem variações no conteúdo da carga que se realiza.
- As distâncias a percorrer se selecionam atendendo à etapa de preparação, idade, sexo e tipo de esporte que pratica.
- Seu objetivo é ir aumentando as exigências de treinamento, quer dizer, a intensidade das ações motoras e distância a percorrer.
- Tempo de recuperação entre repetições de 1-3 minutos.
- Tempo de recuperação entre série de 3-5 minutos.

Tabela 39 – Método de repetição progressiva

Nº de séries	Nº de turnos	Carga/conteúdo	% da intensidade
2	1	15 m	85%
	2	20 m	85%
	3	25 m	90%
	4	30 m	90%
	5	35 m	95%
	6	40 m	95%
	7	45 m	100%
	8	50 m	100%

- *Método de repetição regressiva*

- Existem variações no conteúdo da carga que se realiza.
- As distâncias a percorrer se selecionam atendendo à etapa de preparação, idade, sexo e tipo de esporte que pratica.
- Seu objetivo é diminuir as distâncias, mas as exigências de treinamento se mantêm, quer dizer a intensidade das ações motoras.
- Tempo de recuperação entre repetições de 1-3 minutos.
- Tempo de recuperação entre série de 3-5 minutos.

Tabela 40 – Método de repetição regressiva

Nº de séries	Nº de turnos	Carga/conteúdo	% de intensidade
2	1	50 m	85 %
	2	45 m	85 %
	3	40 m	90 %
	4	35 m	90 %
	5	30 m	95 %
	6	25 m	95 %
	7	20 m	100 %
	8	15 m	100 %

- *Método de repetição alternada*

- Existem variações ondulatórias no conteúdo da carga que se realiza.
- As distâncias a percorrer se selecionam atendendo a etapa de preparação, idade, sexo e tipo de esporte que pratica.
- Seu objetivo é ir alternando as exigências de treinamento.
- Tempo de recuperação entre repetições de 1-3 minutos.
- Tempo de recuperação entre séries de 3-5 minutos.

Tabela 41 – Método de repetição alternada

Nº de séries	Nº de turnos	Carga/conteúdo	% da intensidade
2	1	15 m	85 %
	2	20 m	85 %
	3	15 m	90 %
	4	30 m	90 %
	5	25 m	95 %
	6	40 m	95 %
	7	35 m	100 %
	8	50 m	100 %

- *Método de repetição combinada*

- Existem variações ondulatórias no conteúdo da carga que se realiza.
- As distâncias a percorrer se selecionam atendendo à etapa de preparação, idade, sexo e tipo de esporte que pratica.
- Seu objetivo é ir alternando as exigências de treinamento.
- Tempo de recuperação entre repetições de 1-3 minutos.
- Tempo de recuperação entre série de 3-5 minutos.

Tabela 42 – Método de repetição combinado

Nº de séries	Nº de turnos	Carga/conteúdo	% da intensidade
2	1	25 m	85 %
	2	50 m	100 %
	3	25 m	85 %
	4	50 m	100 %
	5	25 m	85 %
	6	50 m	100 %
	7	25 m	85 %
	8	50 m	100 %

- *Método do jogo*

- Este método se utiliza na prática sempre e quando se selecionam jogos de corridas que garantam a mudança rápida de um indivíduo de um lugar a outro no menor tempo possível, independentemente dos objetivos do jogo.
- Os jogos selecionados devem garantir a adequada motivação em cada um dos participantes.
- O tempo das execuções motoras em cada ação não devem exceder além dos 12 segundos, pelo que as distâncias a percorrer devem garantir este requisito sumamente importante.

CAPÍTULO 5

FUNDAMENTOS BÁSICOS PARA O TREINAMENTO DA MOBILIDADE ARTICULAR

5.1 – Definição do conceito de mobilidade como capacidade física do homem

Ao definir o conceito de mobilidade se faz necessário esclarecer alguns termos relacionados com a mesma, como são os vocábulos elasticidade e flexibilidade, além de especificar as diferenças existentes entre a mobilidade como capacidade e o alongamento como um método novo para condicionar e preparar o organismo do atleta para o treinamento e a competição.

É duvidoso a relação que existe entre a mobilidade, a flexibilidade e a elasticidade. Em minha modesta opinião considero, primeiramente, que estes termos têm sido utilizados em diferentes momentos para denominar e referir-se a um mesmo fenômeno, por exemplo, as bibliografias existentes até a década de 60, fazem referência à elasticidade, posteriormente se começa a utilizar o termo flexibilidade e em nossos dias vemos ainda que muitos continuam falando de flexibilidade; a maioria dos autores quando se referem a esta capacidade utilizam freqüentemente o vocábulo mobilidade, o qual consideramos muito mais genérico. Em segundo lugar, acreditamos que a maioria das bibliografias primárias onde se fazia alusão a este tema, provinham fundamentalmente do idioma russo e alemão, as traduções efetuadas ao espanhol, puderam em certa medida corrigir certas confusões, sendo que nosso idioma é muito rico.

Atualmente é comum, no mundo da Cultura Física, a utilização constante de determinados vocábulos para denominar a capacidade do organismo de realizar grandes amplitudes de movimento articulares, tais como elasticidade, flexibilidade e mobilidade.

Concordo plenamente, com os critérios que abordam García Manso e col. (1996), quando se referem a que o termo mobilidade, encerra e engloba em si, os demais conceitos que com freqüência se propõe no mundo esportivo.

Tanto os termos elasticidade como flexibilidade são conceitos que erroneamente se empregam na atualidade, para compreendê-lo basta apenas interpretar as seguintes definições:

Elasticidade: propriedade geral dos corpos em virtude da qual recobram seu tamanho e forma primitiva uma vez que tem deixado de atuar sobre forças externas que o deformavam.

Flexibilidade: capacidade que tem um corpo para dobrar-se sem chegar a romper-se, porém com o termo mobilidade tratamos de abranger um conceito muito mais amplo.

Deste termo se pode deduzir que o corpo humano possui a capacidade de ser flexível, mas como o termo não abrange a essência do fenômeno que tratamos, pelo que se considera que a terminologia mobilidade compreende um conceito muito mais amplo e que encerra a ambos vocábulos, daí assumimos o termo mobilidade ao nos referirmos à capacidade do organismo humano para realizar grandes amplitudes de movimentos.

Para García Manso (1996), a mobilidade, em si mesma, representa a capacidade de movimento de uma articulação e inclui os seguintes fatores:

- Capacidade de alongamento das fibras do músculo.
- Capacidade de alongamento dos tendões que afetam essa articulação.
- Capacidade de alongamento dos ligamentos que rodeiam a articulação.
- Capacidade de movimento que nos permitem a constituição das paredes articulares.
- Força dos músculos antagonistas que afetam o movimento dessa articulação.
- Controle do reflexo e contra-reflexo miotático.

Para maior compreensão elaboramos um quadro onde aparecem os termos assumidos por autor, ano e como o definem basicamente. Tabela 43.

Tabela 43 – Relação de conceitos de mobilidade como capacidade e os termos utilizados pelos distintos autores

Autor-ano	Termo que assume	Como o definem basicamente
Ozolin (1970)	Flexibilidade	Na prática esportiva, a capacidade de realizar exercícios com grande amplitude se conhece como flexibilidade.
Harre (1973)	Mobilidade	A mobilidade é a capacidade do homem para poder executar movimentos com grande amplitude de oscilações. A amplitude máxima do movimento é, portanto, a medida da mobilidade.
Ruiz Aguilera, (1985)	Mobilidade	Capacidade de possuir uma grande amplitude de movimentos nas articulações.
Alvárez del Villar (1985)	Mobilidade	Qualidade que com base na mobilidade articular, extensibilidade e elasticidade muscular permite o máximo percorrido nas articulações em posições diversas, permitindo ao sujeito realizar ações que requerem grande agilidade e destreza.
Forteza e Ranzola, (1988)	Mobilidade	Capacidade do homem para poder executar movimentos com uma grande amplitude.
Erwin Hahn (1988)	Flexibilidade Mobilidade	Por Flexibilidade (mobilidade) se entende a capacidade de aproveitar as possibilidades de movimentos das articulações o melhor possível. É dependente do tipo de articulação, da longitude e a elasticidade dos ligamentos, da resistência do músculo contra o qual se tem de trabalhar no alongamento e das partes brandas situadas ao redor da articulação.
George Lambert, (1993)	Amplitude dos movimentos articulares	Amplitude dos movimentos articulares do esportista.
Frank Dick (1993)	Flexibilidade	Capacidade para executar ações com as articulações ao longo de um amplo raio de movimento.
Renato Manno (1994)	Flexibilidade Mobilidade	Capacidade de realizar gestos usando a capacidade articular mais ampla possível, tanto de forma ativa como passiva.
Adalberto Collazo (2002)	Mobilidade	Capacidade que possui um organismo em sua estrutura morfofuncional para a realização de grandes amplitudes de movimentos articulares, que se expressa intrinsecamente na capacidade de alongamento dos músculos, tendões, ligamentos e cápsulas articulares.

- *Mobilidade X Alongamento*

Depois de ter tentado esclarecer em certa medida tudo o que é relacionado às diferentes terminologias utilizadas na maioria das bibliografias atuais, acreditamos ser oportuno especificar as relações e diferenças existentes entre a mobilidade como capacidade de alongamento ou alongamento como um método simples e eficaz para contribuir, de certa forma, no melhoramento da mobilidade.

Se conhece por alongamento um novo método científico por meio do qual se pode exercitar a mobilidade de uma forma fácil e muito efetiva. A mobilidade é, talvez, dentro de todas as capacidades necessárias para as atividades físico esportivas, a que menor atenção recebe durante os treinamentos por parte dos atletas e treinadores, no entanto, seu desenvolvimento condiciona e favorece o desenvolvimento das capacidades condicionais e coordenativas. A principal diferença que se estabelece entre a mobilidade e o alongamento, se consolida precisamente na forma em que se trabalha e na finalidade que perseguem cada uma delas, a mobilidade como capacidade busca a maior amplitude de movimentos articulares possíveis e para desenvolvê-la se faz necessário trabalhá-la no limite da dor, que provoca no organismo do atleta determinada ação de busca de amplitude de movimentos corporais, entretanto, o alongamento só busca o condicionamento do organismo do atleta para o treinamento e a competitividade, que condiciona com certo grau o desenvolvimento da mobilidade, mas sua diferença fundamenta em que isto só é um método de trabalho que se baseia no princípio da tensão-relaxamento-extensão e que nunca deve se trabalhar no limite da dor.

5.2 – Estrutura típica da capacidade de mobilidade

A mobilidade como capacidade se estrutura de forma simples, no entanto, existem várias classificações. Por exemplo para J. Weineck (1994) existe a mobilidade geral e a específica, a ativa e a passiva. A mobilidade geral é quando estão suficientemente desenvolvidos os principais sistemas articulares (articulação escapular, coxo-femoral, coluna vertebral, etc.), entretanto a específica só faz referência a uma articulação determinada em dependência da especialidade esportiva, por exemplo, a mobilidade coxo-femoral para o passe do obstáculo.

Dentro da mobilidade ativa, (Weineck, 1994) distingue dois subgrupos: a mobilidade ativa dinâmica e a ativa estática. A mobilidade ativa dinâmica como seu nome o indica reflete a possibilidade de realizar grandes amplitudes de movimentos precedidos de determinadas ações espaço corporal, enquanto que a ativa estática reflete por uma parte a ação sem ajuda externa do sujeito para realizar grandes amplitudes de movimentos de forma estática. E por último faz referência à mobilidade passiva, considerada como a maior amplitude que pode realizar um indivíduo com ajuda externa.

Para Matvieev, (1983) existem basicamente três tipos de mobilidade:

- Mobilidade absoluta.
- Mobilidade de trabalho.
- Mobilidade residual.

A *mobilidade absoluta* é a capacidade máxima de alongamento das estruturas músculos tendinosos e ligamentos e que só se alcança nos movimentos passivos e forçados de cada uma das articulações.

A *mobilidade de trabalho* se refere ao grau de movimento que se alcança no transcurso da execução real de uma ação esportiva.

A *mobilidade residual* é a capacidade de movimentos, sempre superior à de trabalho, que o esportista deve desenvolver para evitar rigidez que pode afetar a coordenação do movimento ou seu nível de expressividade.

Para García Manso e col. (1996), uma das propostas mais divulgadas neste sentido é precisamente a que faz Fleishman, o qual define dois tipos de mobilidade:

- Mobilidade estática ou passiva.
- Mobilidade dinâmica ou ativa.

A *mobilidade estática ou passiva* se refere à mobilidade da articulação sem pôr ênfase na velocidade de execução, entretanto a *mobilidade dinâmica ou ativa* constitui a capacidade de utilizar uma amplitude de movimentos de uma articulação durante a execução de uma atividade física esportiva, tanto a velocidade normal como acelerada (balística).

Para Renato Manno (1994) existem três tipos de mobilidade:

- Mobilidade ativa.
- Mobilidade passiva.
- Mobilidade mista.

A ativa devido à ação dos músculos, a passiva devido à ação da inércia ou gravidade e a mista à ação combinada de ambos de forma variada.

Como se pode ver existem vários critérios sobre a estrutura típica da mobilidade como capacidade incondicional condicional no homem. Se faz habitual para nós como um mesmo fenômeno é visto de diferentes maneiras, o que torna mais interessante o problema que gera tantas contradições e por conseguinte, estas contradições geram novos estudos, investigações e análises, na intenção de buscar uma solução prática e lógica a certos conflitos conceituais. Mas o certo é, que enquanto se descobrem teoricamente novas formas para classificar a mobilidade, se torna necessário que os treinadores e professores de Educação Física compreendam melhor este fenômeno, o que permitirá seu desenvolvimento através do treinamento sistemático e com freqüência. No intuito disto, propomos uma classificação resumida desta capacidade.

Gráfico 15 – Estrutura típica da mobilidade como capacidade

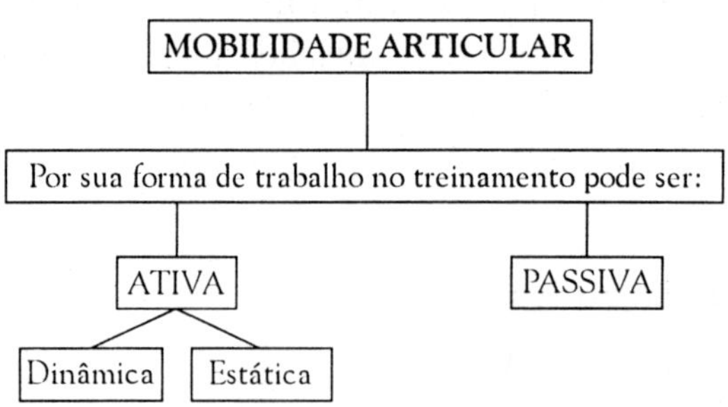

5.3 – Fatores principais que condicionam o desenvolvimento da mobilidade

O desenvolvimento da mobilidade como é conhecido depende tanto de fatores internos como externos ao indivíduo. Muitos autores coincidem em que a mobilidade para seu desenvolvimento depende tanto de aspectos de natureza anatômica como neurofisiológica. Na seqüência se apresenta uma tabela onde aparecem esses fatores.

Tabela 44 – Principais fatores que condicionam o desenvolvimento da mobilidade

Mobilidade como capacidade do homem	
Fatores internos que condicionam seu desenvolvimento	**Fatores externos que condicionam seu desenvolvimento**
• Estruturas musculotendinosas dos receptores nervosos: os fusos musculares e os órgãos de Golgi • Limites de alongamento da fibra muscular • Limites de alongamento do tecido conectivo • Os auges anatômicos articulares • Idade e sexo • Vontade do atleta	• Tipo de treinamento ao qual se submete o atleta • Aproveitamento dos períodos sensitivos para seu desenvolvimento

Fatores internos que condicionam o desenvolvimento da mobilidade

• *Estruturas musculotendinosas dos receptores nervosos: os fusos musculares e os órgãos de Golgi*

É evidente que as estruturas musculotendinosas dos receptores nervosos desempenham um papel importantíssimo no desenvolvimento da mobilidade, nos referimos essencialmente aos fusos musculares e aos órgãos tendinosos de Golgi. Para falar e compreender estes receptores nervosos se faz necessário expor o que significa cada um deles.

Fusos musculares: órgãos encarregados de registrar as modificações mecânicas do músculo que informam sobre a tensão dos mesmos e provocam o reflexo do alongamento.

Órgãos tendinosos de Golgi: proprioceptores encapsulados nas fibras dos tendões que são sensíveis ao alongamento de grande magnitude e podem ter um papel na inibição da contração muscular em caso de lesão.

Os fusos neuromusculares são estimulados pelo alongamento do músculo e provocam uma resposta do reflexo de contração do mesmo. Os órgãos tendinosos de Golgi são estimulados também pelo alongamento do músculo, no entanto, sua missão aqui é protetora, reagem quando existe um excesso de tensão muscular em união com o tendão produzindo uma inibição do músculo alongado. O tempo de estimulação dos órgãos tendinosos de Golgi requerem alongamentos que durem ao menos 6 segundos de trabalho, entretanto a resposta dos fusos musculares é imediata, o que supõe que os exercícios violentos estimulam os fusos mas não os órgãos de Golgi.

- *Limites de alongamento da fibra muscular*

Para García Manso e col. (1996) podem distinguir-se desde o ponto de vista anatômico vários fatores que limitam o desenvolvimento da mobilidade, um deles são os limites de alongamento da fibra muscular.

As fibras musculares têm um tamanho máximo aproximado de 3.6 micros quando é esticado até o ponto de ruptura, quer dizer, ao redor de 1.6 vezes seu tamanho de equilíbrio. García Manso e col. (1996).

Por que, então, o desenvolvimento da mobilidade depende entre outros, do limite de alongamento das fibras musculares?

Hoje em dia, se conhece que nem todos os sarcômeros que estão dentro das fibras musculares possuem a mesma capacidade de alongamento quando se estica o músculo e inclusive os sarcômeros que se encontram próximos dos tendões têm menor capacidade de alongamento que os que se encontram no centro das fibras.

Por outra parte, sustentamos o critério que o alongamento da fibra muscular depende do tipo de fibra existente, do lugar onde se encontram no músculo e do nível de participação destas fibras no esporte praticado.

- *Limites de alongamento do tecido conectivo*

Existem dois tipos de tecido conectivo, os quais afetam de forma diferente a amplitude do movimento:

- O tecido conectivo fibroso (TCF).
- O tecido conectivo elástico (TCE).

O tecido conectivo elástico (TCE) está composto por fibras de colágeno. Nos vertebrados superiores este elemento constitui mais da terceira parte das fibras do corpo. Este tipo de tecido se caracteriza por uma grande resistência à tensão e por conseguinte muito pouca extensibilidade.

• *Os auges anatômicos articulares*

A estrutura morfológica e anatômica de qualquer articulação sempre determinará as possibilidades e limites de movimentos da mesma. As articulações podem classificar-se com relação à capacidade de movimento de diferentes formas, podendo-se distingüir os três tipos:

- Sinartrose ou articulações fixas.
- Anfiartrose ou articulações semimóveis.
- Diartrose ou articulações móveis.

• *Idade e sexo*

Tanto a idade como o sexo constituem aspectos determinantes no desenvolvimento da mobilidade. Para Cotta (1978), com a idade os tendões, os ligamentos e as cápsulas musculares perdem progressivamente células, mucopolissacarídeos, água e boa parte de sua elasticidade.

O número de células garante um bom rendimento mecânico se os tecidos implicados regeneram constantemente novas células, com o objetivo de compensar aquelas que são destruídas.

O número de mucopolissacarídeos determina o comportamento mecânico do tecido e garante a fixação de água nos mesmos.

Com a idade tem lugar uma significativa perda de água (perto de 10 – 15%), o que traz como resultado uma perda progressiva da capacidade de alongamento com a idade.

Nas mulheres a capacidade de extensão da musculatura, dos tendões e dos ligamentos, ou seja, a mobilidade geral é muito mais elevada que nos homens, isto acontece pelas diferenças hormonais entre os dois sexos. Na mulher existe maior quantidade de estrógenos, o que produz uma retenção de água superior, uma elevada porcentagem de tecidos adiposos e uma menor massa muscular que no homem.

- *Vontade do atleta*

O treinamento da mobilidade causa grandes dores musculares, ainda mais quando o atleta não possui um desenvolvimento adequado desta. Praticamente fazer exercícios para desenvolver a mobilidade requer indiscutivelmente e uma profunda e sólida motivação do atleta, já que não é uma capacidade que o atleta goste de trabalhar e inclusive em algumas ocasiões muitos treinadores erroneamente não lhe dão tempo de trabalho necessário para seu desenvolvimento. O que significa que para desenvolvê-la é necessário altas doses de vontade, tenacidade, perseverância por parte do atleta, tudo isto de forma consciente e ativa.

Fatores externos que condicionam o desenvolvimento da mobilidade

- *Tipo de treinamento ao qual se submete o atleta*

O conteúdo dos exercícios selecionados assim como a forma em que se executam são determinantes no desenvolvimento adequado da mobilidade.

O treinamento da mobilidade deve ser diário e efetuado de forma contínua, deve ser realizado depois de um adequado condicionamento e nunca depois de exercícios de resistência geral ou que gerem fadiga ou esgotamento físico elevado; entre as repetições deve se realizar exercícios preferivelmente de relaxamento.

Quando se realizam exercícios de alongamentos ou extensibilidade deve se alcançar os limites várias vezes e ir sobrepassando de forma paulatina e progressiva. Os exercícios de mobilidade ativa mantêm durante muito mais tempo a capacidade do organismo de executar grandes amplitudes de movimentos do que os exercícios passivos de extensão.

- *Aproveitamento dos períodos sensitivos para seu desenvolvimento*

Várias investigações realizadas têm demonstrado que a idade idônea para aumentar os níveis de crescimento desta capacidade se emoldura entre os 11 e os 14 anos de idade, o que não significa que em outras idades não se melhore esta capacidade; em outras palavras, entre os 11 e os 14 anos se encontra o melhor período sensitivo para a aquisição de um maior desenvolvimento desta capacidade.

5.4 – Efeitos que produzem o desenvolvimento da mobilidade no organismo dos atletas em treinamento

Com o treinamento freqüente de exercícios dirigidos ao desenvolvimento da mobilidade se produzem no organismo humano uma série de modificações que podem chegar a propiciar determinadas vantagens para a prática esportiva, mas que também podem oferecer certas desvantagens, fundamentalmente quando se atinge excessivos graus de mobilidade em uma articulação em conseqüência de determinados tipos de exercícios específicos.

Dentro dos principais efeitos positivos que produzem o desenvolvimento da mobilidade podemos assinalar os seguintes:

- A mobilidade corporal diminui enormemente as probabilidades de lesões, desgarramentos tendinosos ou musculares, etc.
- Facilita o relaxamento.
- Diminui o estresse e a tensão muscular.
- A mobilidade corporal condiciona o desenvolvimento das demais capacidades físicas.
- O treinamento sistemático desta capacidade propicia o alívio das dores musculares.

- *A mobilidade corporal diminui enormemente as probabilidades de lesões, desgarramentos tendinosos ou musculares, etc.*

É indubitável que quando se possui um desenvolvimento adequado na amplitude das articulações, dado isto pela capacidade de alongamento dos músculos e tendões se contribui enormemente na diminuição da aparição de lesões no organismo. O fato de poder realizar grandes amplitudes de movimentos evita consideravelmente desgarramentos tendinosos e musculares, rupturas de miofibrilas, deslocações articulares, etc. daí, a importância que tem o desenvolvimento desta para a prática esportiva. Temos experiência com atletas que trabalham com muita freqüência durante os treinamentos desta capacidade e que durante muitos anos não vêem a presença de lesões nem durante os treinamentos nem nas competividades, mas logicamente o tipo de esporte é determinante neste sentido.

- *Facilita o relaxamento*

Fisiologicamente o relaxamento muscular constitui na diminuição das tensões musculares. É óbvio que os exercícios de mobilidade facilitam o alongamento de músculos, tendões, ligamentos e até melhoram a amplitude articular em geral, estas possibilidades asseguram o relaxamento do músculo e com isto se melhora a atividade metabólica no mesmo, o transporte de oxigênio, de mioglobina e as atividades enzimáticas a nível intracelular. O relaxamento muscular permite uma maior disposição de trabalho no organismo do atleta e diminui grandemente as tensões musculares e psíquicas.

- *Diminui o estresse e a tensão muscular*

O estresse pode chegar a ser de caráter físico, mental e inclusive até emocional. O estresse e a tensão produzem esgotamento físico e psíquico. A influência de determinados fatores socioeconômicos, emocionais e físicos podem produzir processos de estancamento que limitam o desenvolvimento normal do organismo chegando inclusive a se afetar a capacidade de trabalho deste. É evidente e está demonstrado que com determinadas exercitações de mobilidade se pode chegar a diminuir consideravelmente os graus de tensão e de estresse que em muitas ocasiões produzem as atividades diárias que o homem realiza como ser biopsicossocial.

- *A mobilidade corporal condiciona o desenvolvimento das demais capacidades físicas*

Atualmente é conhecido por todos que o desenvolvimento de uma boa mobilidade corporal incide de forma positiva nas demais capacidades físicas, por exemplo: A mobilidade corporal facilita no trabalho da resistência a capacidade de intercâmbio gasoso a nível intramuscular, a capacidade de relaxamento de um músculo melhora consideravelmente as possibilidades de trabalho físico.

A rapidez como capacidade precisa das potencialidades do organismo de poder realizar grandes amplitudes de movimento e para isso se requer da combinação desta última com um desenvolvimento adequado da força rápida e da explosiva.

A força e a mobilidade se consideram capacidades antagônicas para o trabalho dentro de uma mesma sessão de treinamento, no entanto o desenvolvimento da mobilidade condiciona nos músculos maiores possibilidades para aumentar a força no sistema dinâmico.

- *O treinamento sistemático desta capacidade propicia o alívio das dores musculares*

Neste sentido, se pode propor que o treinamento da mobilidade de forma sistemática propicia alívio nas dores musculares que produzem as atividades físicas esportivas, chegando inclusive a desaparecer com a adaptação orgânica e funcional que gera a sistematicidade do treinamento. Recentes estudos realizados demonstram que o alongamento gradual e contínuo reduz consideravelmente as dores musculares e que além disso ampliam as potencialidades musculares do organismo do atleta.

5.5 – Meios fundamentais para educar e desenvolver a mobilidade

Dentro dos meios fundamentais para o desenvolvimento da mobilidade encontramos os exercícios de mobilidade ativa e os de mobilidade passiva.

- *Exercícios de mobilidade passiva*

São todos aqueles exercícios de mobilidade que se realizam com certa ajuda externa. Estes exercícios não representam a mobilidade absoluta de um indivíduo e são extremadamente perigosos, por isso se recomenda exaustivo cuidado quando na prática se realizem. Os exercícios de mobilidade passiva são todos aqueles que se realizam com instrumentos, objetos e inclusive com ajuda de um companheiro. Este meio é típico daqueles esportes que requerem da mobilidade corporal de determinados planos musculares. Exemplo: caratê, Tae kwon do, salto olímpico, ginástica artística e rítmica, entre outros, mas se pode trabalhar em qualquer esporte.

- *Exercícios de mobilidade ativa*

Os exercícios de mobilidade ativa são todos aqueles movimentos que se realizam fundamentalmente pela ação voluntária da musculatura e com o esforço próprio do atleta sem a ajuda de alguma força externa. Este tipo de exercício representa a mobilidade absoluta de um indivíduo; raras vezes produzem lesões.

Dentro dos exercícios de mobilidade ativa podemos distinguir duas formas de trabalho:

- Os exercícios de mobilidade ativa estática.
- Os exercícios de mobilidade ativa dinâmica.

Os *exercícios de mobilidade ativa estática* constituem aqueles movimentos onde se busca a máxima amplitude de uma articulação graças à contração dos músculos agonistas e da extensão dos antagonistas.

Os *exercícios de mobilidade ativa dinâmica* são aqueles movimentos onde aproveitando o próprio movimento coordenado de determinado plano muscular se busca aumentar o ângulo de oscilação, ou seja, se aproveita a velocidade de execução para atingir uma maior amplitude das articulações.

5.6 – Métodos essenciais para o desenvolvimento didático-pedagógico da mobilidade

Sermejew (1964) e D. Harrer (1976) afirmaram que "o efeito de uma extensão única ou de extensões máximas isoladas não é suficiente no treinamento, é aconselhável fixar o número de repetições em umas 15 e o de série de 3 a 7.

É evidente que para atingir um nível de treinamento desta capacidade se faz necessário repetir o exercício selecionado durante a sessão de treino (como mínimo 6 repetições onde se mantém a posição, ao menos de 5 segundos cada repetição) e por outra parte, fazer sistemático e freqüencial o treinamento desta capacidade.

O método mais utilizado para o desenvolvimento da mobilidade, é sem dúvida o de repetições. Este método como o seu nome indica tem sua essência na exercitação ou repetição contínua do exercício (mínimo 6 repetições e manutenção da postura ao menos 5 segundos). Dentro deste método podemos distinguir várias classificações do mesmo:

- Método de repetição standard.
- Método de repetição combinada.
- Método de repetição com relaxamento entre extensão.
- Método de repetição extensiva.
- Método de repetição intensiva.

O *método de repetição standard* tem a característica fundamental de que se mantém em um mesmo exercício o tempo de trabalho ou a quantidade de repetições em cada execução. Além disso, tem a peculiaridade de repetir o exercício continuamente as vezes que se tenha planificado; quando se conclui este exercício se passa a outro tipo de exercício, mas nunca se volta a repetir nessa sessão de treinamento.

Tabela 45 – Método de repetição standard

Nº de repetições	Exercícios	Tempo de trabalho	Recuperação entre repetição
4	1.1	6 segundos	1:2, 1:3 ou 1:4, em dependência do nível do atleta, esporte, idade, sexo e objetivos a atingir
	1.2	6 segundos	Idem
	1.3	6 segundos	Idem
	1.4	6 segundos	Idem

O *método de repetição combinada* tem a particularidade apesar de manter o número de repetições e o tempo de trabalho em cada execução de buscar de forma simultânea a variabilidade dos exercícios onde se realizam de maneira alternada todos os exercícios selecionados e se repetem às vezes que se tem planificado o programado, a modo de circuito.

Tabela 46 – Método de repetição combinada

Nº de repetições	Exercícios	Tempo de trabalho	Recuperação entre repetição
4	1.5	6 segundos	1:2, 1:3 ou 1:4, em dependência do nível do atleta, esporte, idade, sexo e objetivos a atingir
	1.6	6 segundos	Idem
	1.7	6 segundos	Idem
	1.8	6 segundos	Idem

O *método de repetição com relaxamento entre extensão* tem a especificidade de realizar exercícios de extensibilidade moderada e combiná-los posteriormente com exercícios de *relaxamento* daqueles planos musculares que intervém neste alongamento. Este método garante a relação entre extensão e relaxamento.

O *método de repetição extensiva* tem como característica fundamental que o tempo de duração dos exercícios para o desenvolvimento da mobilidade é longo, superior aos 15 segundos e as repetições entre 4 e 6. Além disso, a intensidade do exercício deve garantir o trabalho no limite da dor, sem chegar a apresentar-se. É um método idôneo para iniciar o treinamento da mobilidade. Seu objetivo é buscar o aumento de trabalho com uma maior amplitude de movimento articular e adaptação desta capacidade.

O *método de repetição intensiva* possui a diferença do anterior com a particularidade de que o tempo de duração das execuções para treinar esta capacidade é muito pequena (até 5 segundos), entretanto o número de repetições por movimento não deve exceder de 3 a 4. Sua essência se consolida em estender ao máximo o plano muscular e as articulações envolvidas no movimento, onde em cada extensão se trabalha sobre o limite da dor. Este método é muito doloroso, em certas ocasiões até perigoso mas nos tem demonstrado na prática que permite o aumento desta capacidade. Seu objetivo é aumentar as potencialidades morfofuncionais do organismo para realizar grandes amplitudes de movimentos articulares.

CAPÍTULO 6

FUNDAMENTOS BÁSICOS PARA O TREINAMENTO DAS CAPACIDADES COORDENATIVAS

6.1 – Definição do conceito de capacidades coordenativas como capacidade física do homem

Ao adentrarmos no tema dos fundamentos básicos para o treinamento das capacidades coordenativas, sem lugar à dúvidas, penetramos em um tema bastante complexo e polêmico na atualidade. Muitos treinadores e professores de Educação Física se fazem freqüentemente as seguintes perguntas:

Como se pode definir o conceito de capacidades coordenativas?

Como treinar na prática esse tipo de capacidade?

Todas estas perguntas trataremos de explicar detalhadamente na seqüência, pois elas têm constituído também nossas dúvidas.

Para definir o conceito de capacidades coordenativas será necessário partir do critério de um grupo de autores, de forma cronológica e ordenada com o propósito de que se possa compreender melhor este fenômeno. Tabela 47.

Tabela 47 – Relação de conceitos de capacidades coordenativas segundo critérios de vários autores

Autor/Ano	Definição que assume
Frey (1977)	É a capacidade que permite ao esportista dominar as ações motoras com precisão e economia, em situações determinadas que podem ser previstas (estereótipos), ou imprevistas (adaptação), e aprender de modo relativamente mais rápido as expressões esportivas.
Hirtz (1981)	A capacidade de coordenação (sinônimo: destreza) está determinada ante todos pelos processos de controle e regulação do movimento.
Martin (1982)	Denomina como capacidades básicas relacionadas estreitamente com a coordenação a capacidade de direção, de ritmo, de diferenciação e de equilíbrio.
Matveev (1983)	O termo aptidões de coordenação é interpretado, em primeiro lugar; como a aptidão de organizar (formar; subordinar; enlaçar em um todo único, atos motores integrais e, em segundo lugar; a faculdade de modificar as formas elaboradas das ações ou mudar-se de uma a outra conforme as exigências das condições variáveis.
Ariel Ruiz Aguilera (1985)	São capacidades sensomotoras consolidadas no rendimento da personalidade, que se aplicam conscientemente na direção de movimentos componentes de uma ação motriz com uma finalidade determinada.
Schnabel e Meinel (1988)	A coordenação motriz pode ser definida como a organização das ações motoras ordenadas tendo um objetivo determinado.
Erwin Hanh (1988)	A coordenação é o efeito conjunto entre o sistema nervoso central e a musculatura esquelética dentro de um movimento determinado, constituindo a direção de uma seqüência de movimento.

Continua...

Continuação...

Georges Lambert (1993)	A palavra ""Coordenação"" faz referência a uma série de ações musculares de grande precisão, sem seu encadeamento cronológico, e em suas intensidades respectivas e sucessivas.
García Manso e col. (1996)	As capacidades coordenativas se identificam com o conceito de destreza, entendida como a capacidade para resolver rápida e adequadamente as tarefas motoras.
Adalberto Collazo (2002)	Capacidade do sistema neuromuscular para controlar, regular e dirigir os movimentos espaço corporais e temporais nas atividades físico esportivas, que se expressa na coordenação motriz inter e intramuscular em estreita união com o sistema nervoso central, onde a qualidade dos processos da percepção, a representação e a memória do indivíduo são determinantes para uma correta execução motriz do movimento.

6.2 – Estrutura tipológica das capacidades coordenativas

Ao falar de capacidades coordenativas entramos em um tema sumamente complexo dentro da teoria e metodologia da atividade físico esportiva. Os estudos e investigações mais recentes assim o demonstram na atualidade. Apesar da complexidade do tema é evidente apreciar na literatura como coincidem os critérios autorais quanto à forma em que se classificam as capacidades coordenativas.

Para Jacob (1990) as capacidades coordenativas desempenham três funções essenciais dentro da vida do homem, são elas:

- As capacidades coordenativas como elemento que condiciona a vida em geral no homem.
- As capacidades coordenativas como elemento que condiciona a aprendizagem motor, e
- As capacidades coordenativas como elemento que condiciona o alto rendimento esportivo.

Por outra parte, Blume (1978), referindo-se às capacidades coordenativas, afirmou que somente esta melhoraria se cada um dos componentes individuais se desenvolvesse de forma sistemática e eficaz, como fatores diversos da condição física.

Neste momento, muitos são os critérios a respeito dos componentes individuais das capacidades coordenativas. Nosso propósito nesta epígrafe não será mostrar somente cada um dos diversos componentes assinalados por vários autores, porém nos dedicaremos mais a apresentar-lhes em nossa opinião, aqueles aspectos mais importantes dentro da estrutura tipológica das capacidades coordenativas.

Quando nos referimos ao termo de capacidades coordenativas, sem dúvidas, estamos falando de um conjunto de capacidades de complexa atuação dentro da vida cotidiana dos homens.

Para falar dos diferentes componentes que conformam estruturalmente as capacidades coordenativas se faz necessário esclarecer que não existe na atualidade nenhum tipo de investigação (ao menos que saibamos) que aponta dados concretos sobre o número, a estrutura exata e a correlação entre os diversos componentes das capacidades coordenativas. Por tal razão, nos limitaremos a expor alguns critérios de determinados autores.

Por exemplo, para Schnabel (1974), sobressaem três componentes, os quais representam as capacidades gerais básicas:

- A capacidade de controle motor.
- A capacidade de adaptação e readaptação motriz.
- A capacidade de aprendizagem motor.

Posteriormente Hirtz (1981), subordina a estas três capacidades anteriormente assinaladas, outras cinco capacidades:

- Capacidade de orientação espacial.
- Capacidade de discriminação cinestésica.
- Capacidade de ritmo.
- Capacidade de reação.
- Capacidade de equilíbrio.

Para García Manso e col. (1996) existem várias classificações de capacidades coordenativas, no entanto, coincidem que a mais utilizada dentro do mundo do esporte é a seguinte classificação que em minha opinião está incompleta.

- Capacidade de diferenciação.
- Capacidade de acoplamento.
- Capacidade de orientação.
- Capacidade de equilíbrio.
- Capacidade de mudança.
- Capacidade de ritmização.

Por sua parte, Ruiz Aguilera (1985) propõe a seguinte classificação de capacidades coordenativas, a qual consideramos a mais completa e a qual nos atreveríamos a agregar algumas mudanças. Gráfico 16.

Gráfico 16 – Classificação de capacidades físicas segundo A. Ruiz Aguilera. (1985)

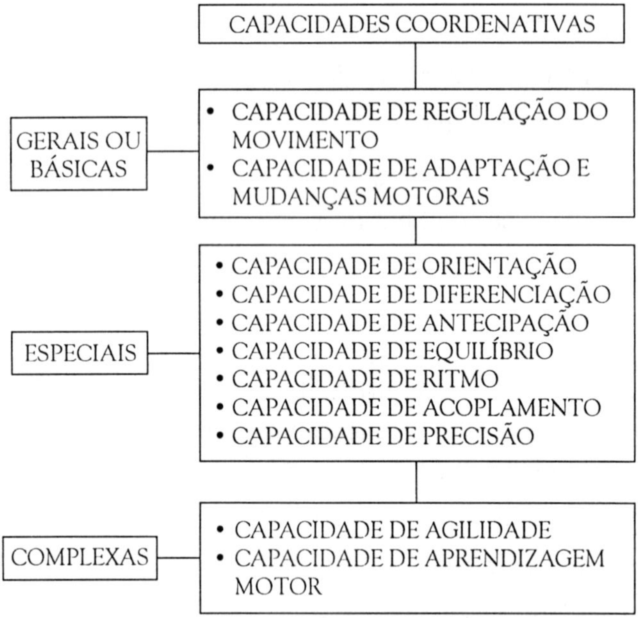

Consideramos que esta classificação poderia ter a seguinte mudança: a capacidade de reação que temos abordado em capítulos anteriores como um tipo de rapidez; em seu lugar dentro das especiais podemos colocar a capacidade de precisão.

A modo de conclusões podemos resumir que as capacidades coordenativas dependem basicamente do controle, da regulação e direção dos movimentos espaço corporais, que o organismo realiza, estes aspectos garantem a fluidez, o acoplamento, o ritmo e a precisão dos movimentos, permitindo a realização dos mesmos com economia de esforço e eficácia motriz.

Gráfico 17 – Lógica de como flui o desenvolvimento das capacidades físicas no homem

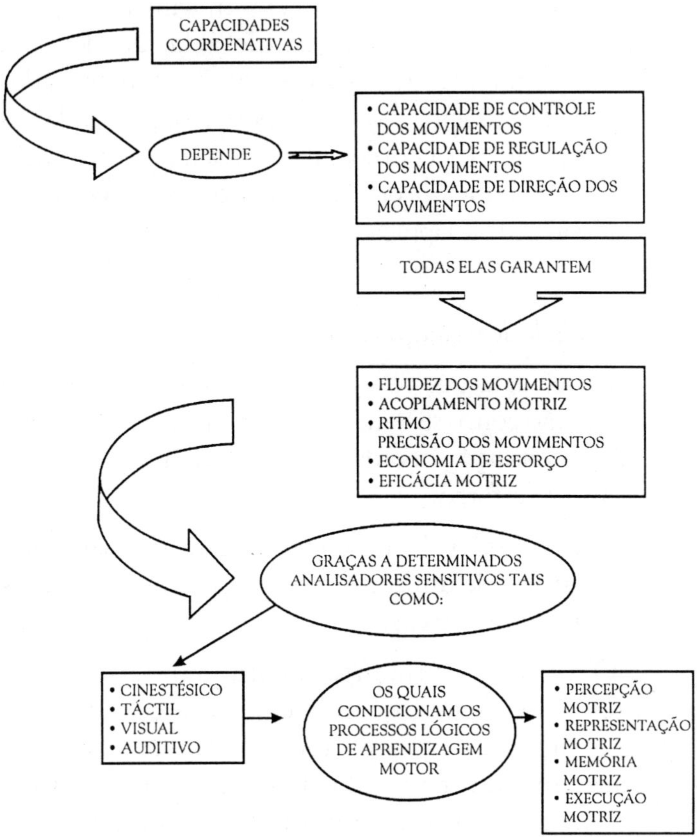

Capacidades coordenativas gerais ou básicas

Tanto a capacidade de regulação do movimento como a capacidade de adaptação e mudanças motoras constituem elementos indispensáveis no desenvolvimento e aperfeiçoamento de todos aqueles movimentos que o homem realiza, especialmente aqueles relacionados com a prática esportiva. Ambos constituem capacidades reitoras nos exercícios motores esportivos, pois todas as demais capacidades coordenativas se caracterizam pelo controle e regulação do movimento, assim como as possibilidades de adaptação e mudanças motoras.

- *Capacidade de regulação do movimento*

Capacidade que possui o sistema neuromuscular em estreita união com o sistema nervoso central na realização consciente das ações motoras com determinada fluidez e economia de esforço.

A regulação do movimento está determinada pela somatória de um conjunto de ações manifestadas nas técnicas esportivas.

O desenvolvimento desta capacidade se manifesta no esporte, quando em busca de um maior aperfeiçoamento em uma técnica esportiva damos ênfase em determinada fase do movimento, distribuindo assim a velocidade e amplitude do movimento que desejamos atingir, sempre e quando façamos correção de erros técnicos estamos desenvolvendo no sujeito esta capacidade.

Esta capacidade também se desenvolve quando vemos o treinador subdividindo em pequenas fases uma técnica esportiva de grande complexidade (remate frontal no voleibol ou a técnica de bater no beisebol). Para sua rápida aprendizagem por parte do atleta, posteriormente começa a entrelaçar uma fase com a outra até chegar a realizar o movimento como um todo. Este método garante em principiantes e novatos uma melhor aquisição técnica do movimento e tudo isto ocorre pela capacidade de regulação do movimento.

- *Capacidade de adaptação e mudanças motoras*

Capacidade do organismo de se adaptar às influências do meio externo independentemente da mudança que seja sua complexidade motriz.

Esta capacidade do organismo humano é conhecida como a lei básica do treinamento, lei da bioadaptação ou Síndrome de Hans Seylé e outros a tem chamado de Síndrome de ação reação.

Sua essência se consolida na capacidade que tem desenvolvido o homem ante a influência de um estímulo externo (carga física) para se adaptar às mudanças produzidas por este, independentemente da variabilidade das mudanças físicas gerais durante as atividades esportivas.

Esta capacidade se desenvolve quando se selecionam exercícios que vão de menor a maior complexidade física, permitindo ao organismo do atleta uma melhor adaptação motriz; é importante além disso, não realizar somente exercícios standard mas também variados.

Por último, podemos afirmar que a capacidade de adaptação e mudanças motoras é quem assegura o desenvolvimento físico no organismo, pois garante as modificações pertinentes nele.

Capacidades coordenativas especiais

São capacidades específicas que se evidenciam ou se manifestam dentro das coordenativas, todas elas juntas asseguram a correta coordenação do movimento.

- *Capacidade de orientação*

Capacidade do organismo para a localização espaço temporal das ações motoras que realiza com relação aos diferentes objetos que o rodeiam.

Esta capacidade está determinada por um alto grau de desenvolvimento da percepção espaço temporal. Entende-se por percepção espaço temporal a capacidade de perceber vertical, horizontal e em profundidade o tamanho e configuração dos objetos que nos rodeiam, assim como determinar a velocidade em que se deslocam os mesmos no espaço.

Consideramos a orientação como uma capacidade inata que se desenvolve sobre a base da exercitação própria das atividades físico esportivas e que está estreitamente vinculada com os seguintes aspectos:

1. Qualidade da visão do indivíduo.
2. Nível de representação do ambiente.
3. Qualidade da memória.
4. Capacidade de autodeterminação motriz.

A capacidade de orientação se desenvolve na própria prática esportiva, por esta razão o treinador deverá dentro dos conteúdos de suas sessões ou aulas programar atividades que garantam seu desenvolvimento, exemplo disto acontece quando damos situações problemáticas aos atletas para que eles resolvam a partir de sua imaginação criadora a possível solução do problema.

- *Capacidade de equilíbrio*

Constitui a capacidade do organismo para manter ou recuperar a posição do corpo durante a execução de posições estáticas ou em movimento (García Manso e col., 1996).

A manutenção do equilíbrio se atinge graças aos esforços musculares dinâmicos ou estáticos em relação com a situação das diferentes partes do corpo (Ruiz Aguilera, 1985).

O equilíbrio é a capacidade que permite ao homem deslocar o centro da gravidade de seu corpo para todas as direções possíveis sem abandonar sua área de sustentação, independentemente da inércia ou força externa que tende a tirá-lo da mesma.

O equilíbrio depende de múltiplos fatores entre os quais podemos assinalar:

1. O tamanho da área que sustenta o corpo.
2. A capacidade dos receptores acústico, óptico e vestibular.
3. A capacidade de distribuição dos diferentes planos musculares durante os movimentos complexos que exigem rápidos deslocamentos do centro de gravidade do corpo (modificação do tônus muscular).

O equilíbrio se desenvolve através de atividades esportivas, jogos ou movimentos que demandem desta capacidade; exemplo disto, o constituem os exercícios acrobáticos, o ciclismo, o judô, os jogos com corridas que requerem movimentos em ziguezague e também com exercícios nos quais se diminui a área de sustentação do corpo.

- *Capacidade de ritmo*

Renato Manno (1991), a define como a capacidade de organizar cronologicamente as contrações musculares em relação ao espaço e o tempo. Por sua vez, García Manso e col. (1996), a definem como a capacidade de reproduzir durante o movimento um ritmo externo ou interno do executante.

Entendemos por ritmo, aquela capacidade humana para distribuir de forma ordenada todos os seus segmentos musculares no espaço, utilizando para isto, uma unidade de tempo precisa em dependência das exigências do movimento realizado, permitindo a autocorreção do executante e a posterior influência deste no aperfeiçoamento e fluidez do exercício efetuado.

O ritmo do movimento é um fenômeno que está presente em toda a natureza e que esta por sua vez influi sobre nós, por exemplo, mencionamos o ritmo cardíaco, o respiratório, etc.

A capacidade de ritmo depende entre outros dos seguintes fatores:

1. Plasticidade muscular do indivíduo.
2. Mobilidade da coluna vertebral e demais articulações.
3. Capacidade de regulação e controle muscular.
4. Relação entre a capacidade acústica do indivíduo e a capacidade de transformar este sinal em movimento.

Esta capacidade para seu desenvolvimento requer fundamentalmente de sons externos, os quais, sem dúvida, ajudam a melhorar o ritmicidade do movimento, os quais podem ser através da música, de sons de percussão ou da utilização da linguagem.

- *Capacidade de antecipação*

É a capacidade que possui um indivíduo de prever a ação de um oponente ou a de representar em sua memória um movimento técnico esportivo.

Para desenvolver esta capacidade o treinador deverá orientar o atleta que memorize antes de executar a técnica esportiva a realizar e posteriormente efetuar a execução do movimento nos esportes individuais, pois nos esportes coletivos seria prever a possível solução motriz do oponente em situações dentro do esporte praticado.

- *Capacidade de diferenciação*

García Manso e col., (1996), a definem como a capacidade para atingir uma coordenação muito fina de fases motoras e movimentos parciais individuais, a qual se manifesta com uma grande exatidão e economia de esforço no movimento total.

Ruiz Aguilera e col; (1985), afirmam que quando um aluno observa um movimento o percebe de forma geral, ou seja, aprecia as noções quanto ao tempo e espaço, assim como as tensões musculares que requer um exercício para sua realização em seu conjunto, mas quando passa a fase de realização deve saber diferenciar as partes essenciais de cada exercício sobre a base de seus conhecimentos e da resposta motriz que tem que dar.

De acordo com o afirmado anteriormente, compreendemos que esta capacidade desempenha um papel muito importante no esporte de alto rendimento, basicamente naqueles que requerem de uma alta precisão técnica em suas execuções (ginástica artística e rítmica, salto olímpico, nado sincronizado, etc.).

Em nossa consideração a essência desta capacidade se vê implícita nas demais capacidades coordenativas (a regulação do movimento, acoplamento, ritmo, etc.).

- *Capacidade de acoplamento ou coordenação motriz*

A capacidade de acoplamento ou coordenação motriz se define como as condições de rendimento de um indivíduo para combinar em uma estrutura unificada de ações, várias formas independentes de movimentos (Ruiz Aguilera e col., 1985).

Por outro lado, (García Manso e col. 1996) a denominam como a capacidade de coordenar os movimentos parciais do corpo entre si e em relação ao movimento total que se realiza para obter um objetivo motor determinado.

Acoplamento ou coordenação motriz constitui o agrupamento de todas as demais capacidades coordenativas desenvolvidas e que de forma sucessiva e em combinação assegura a fluidez, a beleza e a eficácia de qualquer movimento físico esportivo.

- *Capacidade de precisão*

Muitos treinadores utilizam constantemente na prática o termo precisão quando tratam de corrigir em seus atletas alguma técnica esportiva ou buscam aperfeiçoar determinada fase de um movimento.

Em esportes tais como o tiro esportivo e com arco, além dos esportes com bolas e alguns de combate, requerem o desenvolvimento desta capacidade. Entende-se por precisão como a capacidade que possui um sujeito para culminar uma ação motriz esportiva com êxito, geralmente dado pelo lançamento de uma bola, objeto ou parte do corpo em direção de um objetivo desejado.

Esta capacidade se manifesta no boliche, no futebol, no handebol, no pólo aquático, no tiro ao alvo, no basquete, no lançamento de bola, no beisebol e no softbol, no golpe de uma bola no tênis de mesa ou de campo, no golpe de uma técnica de combate no boxe, no caratê e no tae kwon do, etc. No tiro esportivo e com arco esta capacidade constitui a razão de ser destes esportes.

Para o desenvolvimento desta capacidade se faz necessário repetir sistematicamente de forma coordenada os movimentos que o requerem, tanto em sua forma standard como variável, tratando de especificar as zonas ou lugar a alcançar em cada execução. Exemplo disto, se constitui quando, no caso dos lançadores de beisebol ou softbol realizam envios em direções específicas detrás do Home.

O êxito desta capacidade se encontra na própria capacidade do indivíduo para regular todos seus movimentos, controlá-los e dirigi-los em direção do objetivo desejado, em estreita relação com as capacidades intelectuais.

Capacidades coordenativas complexas

Dentro das capacidades coordenativas complexas encontramos o ritmo de aprendizagem ou capacidade de aprendizagem motor e a agilidade.

Estas capacidades segundo A. Ruiz Aguilera e col. (1985) se materializam na prática em dependência do desenvolvimento das demais capacidades coordenativas e estas constituem um produto tanto das coordenativas gerais como especiais, assim como do desenvolvimento da mobilidade e das habilidades.

• *Capacidade de aprendizagem motor ou ritmo de aprendizagem*

A aprendizagem motor ou ritmo de aprendizagem é a capacidade que possui um indivíduo para assimilar de forma rápida e com certa perfeição os movimentos técnicos de qualquer habilidade.

O desenvolvimento desta capacidade está dada pela qualidade dos processos da sensopercepção, a representação motriz, a memória e sobretudo o pensamento, tudo isto estritamente vinculado com o sistema neuromuscular.

Em nossa opinião esta capacidade é inata nos homens, vem condicionada por fatores genéticos e hereditários. Levar em consideração seu desenvolvimento em cada indivíduo garante o aperfeiçoamento em maior grau do processo de ensinamento em dependência com os níveis de assimilação mostrado em cada sujeito.

Isto significa na prática, que apesar de constituir uma capacidade inata nos homens, podemos desenvolvê-la mediante as atividades físicas esportivas, sempre e quando se selecionem conteúdos acessíveis, mudando a variabilidade e complexidade dos mesmos uma vez que transcorra a adaptação e a assimilação por parte dos discípulos.

• *Capacidade de agilidade*

Para N. A. Bernstein (1947) a agilidade é a capacidade de selecionar e executar os movimentos (ações) necessários de forma rápida, correta e talentosa.

N. G. Ozolin (1970) considera que a agilidade é a capacidade de solucionar com rapidez e perfeição as tarefas motoras, em particular as que surgem inesperadamente; vem a ser como o nível máximo da capacidade do esportista para coordenar os movimentos.

Por tal razão podemos entender que a agilidade é a capacidade que possui um indivíduo para mudar seu corpo de um lugar a outro no menor tempo possível, sempre e quando este recorrido transcorra entre, sobre, por cima ou por baixo de determinados obstáculos e a de realizar com exaustiva coordenação neuromuscular rápidos movimentos espaço corporais.

Capacidades Incondicionais Condicionais

No primeiro capítulo aparece uma estrutura típica geral das capacidades físicas onde se recolhe desde nosso ponto de vista, todas aquelas capacidades que dão ao homem a possibilidade de realizar e de aperfeiçoar sua atuação dentro do mundo esportivo.

Denominamos capacidades incondicionais condicionais a todas aquelas capacidades que são inatas nos homens e que requerem treinamento para seu desenvolvimento.

Dentro deste grupo temos colocado tanto a mobilidade como a um grupo de capacidades intelectuais ou mentais. Nos referimos à mobilidade como uma capacidade incondicional condicional, pois se conhece que as crianças nascem com uma mobilidade articular invejável em relação aos adultos, no entanto, ao transcorrer dos anos se não se desenvolve começa a perder pouco a pouco, daí o nome de incondicional condicional.

Por outro lado, existe um grupo de capacidades intelectuais ou mentais que também garante o desenvolvimento das habilidades motoras esportivas e que tem uma estreita relação com as capacidades coordenativas, estas capacidades intelectuais ou mentais são:

- Inteligência.
- Criatividade.

- Sensopercepção motriz.
- Representação.
- Memória.
- Imaginação.
- Pensamento.

6.3 – Principais fatores que condicionam o desenvolvimento das capacidades coordenativas

O desenvolvimento das capacidades coordenativas está sustentado pelo condicionamento mútuo de um numeroso grupo de fatores externos e internos que determinam a qualidade dos processos que asseguram a direção, a regulação e o controle de toda ação motora.

Gráfico 18

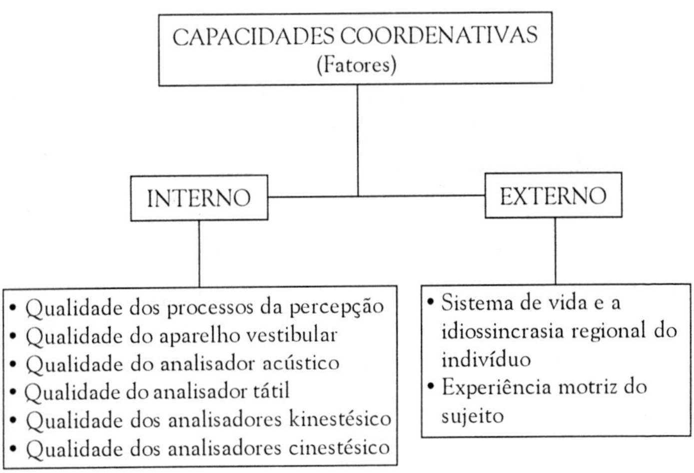

Fatores internos que condicionam o desenvolvimento das capacidades coordenativas

- *Qualidade dos processos da percepção*

A percepção é um processo que permite ao homem receber informação visual dos fenômenos ou objetos que nos rodeiam. O mesmo permite obter informação dos movimentos espaço corporal das diferentes ações motoras esportivas e inclusive de nossos movimentos, o que garante a autocorreção das técnicas esportivas e o posterior aperfeiçoamento dos movimentos que se realizam onde se incluem fundamentalmente as capacidades coordenativas.

O analisador óptico (os olhos) garante nos seres vivos a importante função de refletir o mundo circundante e é precisamente através dos receptores do aparelho visual que podemos levar a nosso cérebro a informação mais definida, clara, precisa e detalhada daqueles componentes gerais que caracterizam a um determinado objeto ou fenômeno.

A qualidade dos processos da percepção dentro do mundo esportivo se dá pela capacidade que possuem os seres humanos para perceber e refletir a realidade objetiva, a de representar-se em sua memória a seqüência de cada movimento presente em cada ação motriz, os quais uma vez representados em nosso cérebro permitem que a informação viaje pelo sistema neuromuscular para permitir o movimento de forma coordenada e fluída.

A percepção para a aprendizagem motor pode ser concebida de forma direta ou indireta; a direta é a mais importante, pois admite a possibilidade de perceber o movimento completo de uma ação motriz, enquanto que a indireta só permite observar uma fase do movimento ou várias fases em seqüências de cinegramas.

A qualidade dos processos da percepção é um fenômeno estreitamente vinculado com a inteligência e o pensamento de cada indivíduo. O desenvolvimento das capacidades coordenativas dependem em grande medida do desenvolvimento das sensopercepções, daí a importância deste fator.

O desenvolvimento das percepções no homem pode se ampliar com a prática esportiva, por exemplo, os praticantes dos esportes com bolas têm maior desenvolvimento do campo visual que os de outros tipos de esportes.

- *Qualidade do aparelho vestibular*

Este analisador estático dinâmico se encontra situado no aparelho vestibular da audição interna, sua função principal é garantir o equilíbrio, além disso nos informa da posição da cabeça com relação ao corpo. Este órgão permite ao homem orientar cada um de seus segmentos musculares no espaço com relação à posição e deslocamento da cabeça.

- *Qualidade do analisador acústico*

Para Weineck (1993), o analisador auditivo desempenha um papel secundário como fator determinante no desenvolvimento das capacidades coordenativas, os sinais auditivos recebidos durante o desenvolvimento do movimento são relativamente limitados, no entanto esta proposta não é válida para todos os esportes, pois se analisarmos a importância e o papel que tem a música na Ginástica Rítmica Esportiva e no Nado Sincronizado, então compreendemos que este analisador, em certas ocasiões, desempenha um papel de primeira ordem no desenvolvimento das capacidades coordenativas.

Outro exemplo constitui as palmadas que solicitam atualmente os saltadores de longo e triplo ao iniciar a carreira de impulso, com o qual garantem a freqüência de passos, o ritmo da corrida e a coordenação geral na técnica completa do exercício.

Em resumo, se considera que o analisador acústico condiciona em maior ou menor grau o desenvolvimento das capacidades coordenativas em dependência do tipo de esporte.

- *Qualidade do analisador tátil*

O analisador tátil se encontra situado em toda a pele, nos informa das diversas influências que exercem sobre nosso corpo os objetos que nos rodeiam, e quanto à forma e consistência dos mesmos.

- *Qualidade dos analisadores Cinestésico*

Este analisador se encontra situado nos músculos, tendões, ligamentos e cápsulas articulares. Este aparelho transmite informação sobre a posição das extremidades e do tronco, assim como sobre as forças externas que incidem nos mesmos. É mediante o analisador cinestésico que podemos receber informações sobre as diferentes tensões que se encontram nos músculos durante as atividades e movimento físico, este nos permite regular e controlar cada movimento, assim como distribuir no tempo cada segmento muscular no espaço. O funcionamento deste aparelho é determinante para o aperfeiçoamento das técnicas esportivas.

Fatores externos que condicionam o desenvolvimento das capacidades coordenativas

Dentro dos principais fatores externos que incidem diretamente no desenvolvimento das capacidades coordenativas se encontram:

- *Sistema de vida e a idiossincrasia regional do indivíduo*

Este fator determina em grande medida o desenvolvimento das capacidades coordenativas de qualquer indivíduo. A forma de vida de uma criança incide diretamente no desenvolvimento da mesma. As crianças cubanas têm todas as condições possíveis, tanto nas escolas como na comunidade ou bairro para desenvolver estas capacidades, as crianças precisam do jogo constante, a idiossincrasia do cubano permite a prática sistemática de diversos jogos ou de atividades físicas esportivas e recreativas. A criança cubana, desde que nasce, está observando diversas formas de expressão corporal, estas condicionam e favorecem as possibilidades de desenvolvimento de tais capacidades.

Quanto maior quantidade de movimento de forma consciente realize um indivíduo maior possibilidades terá para realizar ações motoras de forma coordenada.

- *Experiência motriz do sujeito*

Se conhece que para o desenvolvimento de determinadas capacidades coordenativas e inclusive das habilidades motoras esportivas a experiência motriz do esportista desempenha um importante papel, já que qualquer movimento que se realize, ainda que sendo pela primeira vez se sustenta no conhecimento anterior ou experiência que possui o indivíduo, pois os movimentos podem chegar a ser transferíveis. Isto acontece porque na memória motora do homem se fixam todos aqueles movimentos que em sua vida têm sido realizados, e quanto mais se repete um movimento mais se fixa, maior tempo transcorre esse hábito motor no cérebro e é quando se diz que o que se aprende bem não se esquece.

Os esportistas com formação poliesportiva aprendem muito mais rápido qualquer movimento ou técnica que exija determinada coordenação motora, Então podemos resumir que quanto maior experiência motora, maior a possibilidade do sujeito de realizar ações motoras de maneira coordenada.

6.4 – Efeitos que produzem o desenvolvimento das capacidades coordenativas no organismo dos atletas em treinamento

O desenvolvimento das capacidades coordenativas produzem no organismo do homem determinadas modificações, no entanto, talvez não tão visíveis e quantificadas como as provocadas por outras capacidades, o certo é que o desenvolvimento da coordenação motora no homem está estreitamente relacionada à aprendizagem das habilidades, ambos se condicionam mutuamente. A coordenação motora de qualquer movimento requer do controle e da regulação das ações que realiza o indivíduo.

Entre os efeitos mais visíveis se encontram:

- Melhora as faculdades para a aprendizagem sensomotor.
- Reduz os movimentos desnecessários e melhora a economia de esforço em cada exercício.
- Aumenta as faculdades e as possibilidades do repertório gestual dos indivíduos.

- *Melhora as faculdades para a aprendizagem sensomotor*

Em termos gerais, o desenvolvimento das capacidades coordenativas no homem traz como resultado um melhoramento integral nas faculdades para a aprendizagem motor, entretanto, quanto maior a coordenação motora geral de um sujeito, maiores serão as possibilidades de adquirir com mais rapidez novos movimentos, tudo isto acontece pela experiência motora acumulada.

- *Reduz os movimentos desnecessários e melhora a economia de esforço em cada exercício*

Se conhece que quando se realizam movimentos corporais de maneira coordenada ou com certo grau de coordenação existe uma notável redução de todos aqueles movimentos desnecessários, que só favorecem a um desgaste na economia de esforços por parte do executante. Esta redução ocorre graças ao trabalho sistemático e ordenado de todos aqueles movimentos que se realizam abaixo da norma de um professor.

- *Aumenta as faculdades e as possibilidades do repertório gestual dos indivíduos*

As faculdades e as possibilidades de repertório gestual de um indivíduo aumentam no desenvolvimento das próprias capacidades coordenativas, pois quanto maior a quantidade de movimento que domine o atleta, maior possibilidade terá de aprender novos elementos, ampliando assim seu repertório gestual.

6.5 – Meios fundamentais para educar e desenvolver as capacidades coordenativas

Dentro dos meios fundamentais para educar e desenvolver as capacidades coordenativas podemos mencionar entre outros:

- Os jogos menores.
- Os jogos pré-esportivos.
- Os esportes.
- As acrobacias.
- A ginástica básica.
- A ginástica musical aeróbica, danças e bailes.
- Exercícios complexos com altas exigências de combinação intra e intermuscular.

- *Os jogos menores*

Constituem um meio idôneo para desenvolver as capacidades coordenativas fundamentalmente em crianças. As estruturas dinâmicas destes jogos propiciam as possibilidades de realizar movimentos variados de maneira livre, espontânea e motivada. Estes tipos de jogos garantem nas crianças a aquisição de complexos movimentos físicos e o desenvolvimento do pensamento mediante as tarefas que implicam no cumprimento dos mesmos.

- *Os jogos pré-esportivos*

Estes tipos de jogos exigem em seu desenvolvimento a necessidade de combinar uma ou várias habilidades motoras de um esporte determinado. A inter-relação da criança com o meio externo (bolas ou objetos), obrigam a este estabelecer posturas e deslocamentos que requerem movimentos coordenados.

- *Os esportes*

Cada esporte por si só exige a presença de movimentos coordenados; possuir uma formação poliesportiva e multilateral enriquece o repertório gestual do indivíduo e com ele as potencialidades das capacidades coordenativas do mesmo. A prática de cada esporte implica numerosas combinações de diferentes grupos musculares, todas muito específicas, pela qual se converte em um meio especial para desenvolver as capacidades coordenativas (ginástica artística, salto olímpico, etc.).

- *As acrobacias*

Os exercícios que requerem do desenvolvimento de habilidades acrobáticas constituem um meio importante para desenvolver o equilíbrio, a orientação espacial, a diferenciação, a antecipação, entre outras.

- *A ginástica básica*

Todo o compêndio de exercício que caracteriza a ginástica básica se converte em um meio fundamental para o desenvolvimento das capacidades coordenativas.

- *A ginástica musical aeróbica, danças e bailes*

Estes meios garantem a ritmicidade dos movimentos. Estas manifestações exigem a presença de música, o que obriga a realizar movimentos coordenados conforme o som musical.

- *Exercícios complexos com altas exigências de combinação intra e intermuscular.*

Estes são exercícios previamente selecionados de maneira consciente e intencional por parte do professor, dirigido ao desenvolvimento coordenativo de complexos movimentos que se realizam com a união simultânea de vários planos musculares, com percursos inusuais dentro do mundo esportivo ou presente em poucos esportes. Exemplo disto é observado nas tábuas de ginástica, os musicais aeróbicos, etc.

6.6 – Métodos essenciais para o desenvolvimento didático-pedagógico das capacidades coordenativas

Muitos autores concordam que para adquirir novos hábitos, habilidades e potencial à capacidade de coordenação terá que recorrer à utilização dos mais diversos métodos de treinamento.

J. Weineck (1994), se refere ao analisar os métodos de treinamento para o desenvolvimento das capacidades coordenativas a métodos e conteúdos de caráter geral e especial. Os gerais dirigidos a melhorar o valor geral das capacidades de coordenação, enquanto os especiais são dirigidos a melhorar os componentes da capacidade de coordenação que correspondem diretamente a cada especialidade esportiva.

Hirtz e Ludwig (1976) e J. Weineck (1994), ao referir-se aos métodos e meios que permitem a representação gestual afirmam que ao ser esta a base e a mesma condição da aprendizagem de toda nova habilidade de gestos, os métodos que permitem a representação do movimento ocupam espaços privilegiados ao iniciar-se um treinamento.

Os métodos e conteúdos para desenvolver as capacidades coordenativas devem cumprir os seguintes requisitos ou princípios básicos:

1. Diversidade na estrutura do movimento que se realiza (método e conteúdo).
2. Exercitação sistemática com direção pedagógica.
3. Bom aproveitamento do período sensitivo desta capacidade.
4. Gradualidade com relação ao nível e ritmo de aprendizagem motor.

Métodos para desenvolver as capacidades coordenativas

Métodos sensoperceptivos

Os métodos sensoperceptivos são aqueles que permitem informação ao homem mediante as sensações e percepções e se dividem em quatro grupos: visuais, verbais, auditivos e proprioceptivos. Gráfico 19.

Método visual direto: permite a informação completa do movimento técnico esportivo que se vai realizar. Exemplo: quando se demonstra por parte de um atleta avantajado (monitor) ou do próprio professor quando se possui excelente domínio técnico da habilidade que ensina

Gráfico 19 – Relação de métodos para o desenvolvimento das capacidades coordenativas

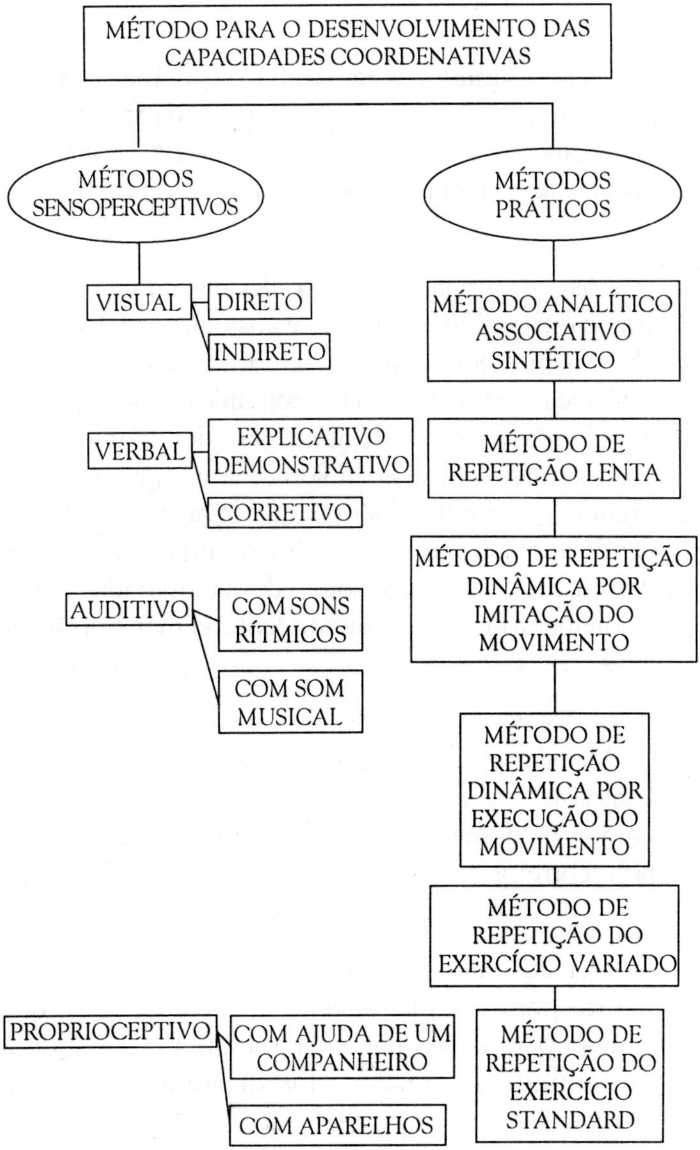

ou também quando se ensina uma habilidade esportiva mediante a utilização de uma fita de vídeo onde aparece um atleta com excelente domínio técnico.

Método visual indireto: como seu nome o indica, permite informação parcial de determinada fase de uma técnica esportiva (fotos, pinturas, etc.), ou várias fases contínuas desta técnica (cinegrama).

Método verbal (explicativo demonstrativo): Muito utilizado em qualquer sistema de ensinamento, facilita o conhecimento teórico que caracteriza ao movimento de uma técnica esportiva, permite a comunicação interpessoal e a necessária retroalimentação do processo de ensinamento, além disso favorece a compreensão do conteúdo e a análise mental que leva implícita esta aprendizagem motor. Exemplo: quando explicamos textualmente a execução motora de determinada técnica ou movimento e sua correspondente demonstração de como se realiza.

Método verbal (corretivo): este método garante o aperfeiçoamento de qualquer técnica, ajuda a eliminar movimentos desnecessários e posturas incorretas, cria hábitos corretos nas execuções.

Métodos auditivos (com sons rítmicos): este método se utiliza para orientar mediante sons rítmicos, que podem ser percussões, palmadas ou sons determinados, os movimentos coordenados de alguma técnica esportiva.

Métodos auditivos (com sons musicais): é muito utilizado em esportes tais como o nado sincronizado, a ginástica rítmica esportiva, a ginástica musical aeróbia. Este método utilizando as diferentes notas musicais selecionadas em relação com a composição dos exercícios permite a execução motora de cada elemento técnico com excelente coordenação, precisão, beleza e ritmicidade, pois o som musical ajuda a distribuir as distintas partes do corpo no espaço.

Método proprioceptivo (com ajuda de um companheiro): são métodos geralmente empregados para o ensinamento de elementos técnico esportivos muito perigosos ou complexos, que requerem a ajuda externa do treinador garantindo em parte que o atleta sinta em seu corpo a pressão de como deve se realizar determinado movimento e por outra parte, se cria um estado de ótima confiabilidade para que transcorra uma aprendizagem rápida e adequada.

Método proprioceptivo (com ajuda de aparelhos): método muito pouco utilizado dentro do mundo do treinamento esportivo, pois o mesmo requer necessariamente de aparelhos que ajudem a executar determinados movimentos. Este método ou forma de trabalho é muito utilizado pelos astronautas em sua preparação para voar.

Métodos Práticos

São métodos que permitem a exercitação prática mediante a repetição do movimento que se deseja executar em condições e situações diferentes.

Método analítico associativo sintético: este método tem a particularidade de se utilizar, na aprendizagem, de ações coordenativas complexas e que requerem da combinação de vários segmentos musculares para se ter êxito na realização da mesma. Como seu nome o indica sua essência se firma em segmentar em partes (fases do exercício) até que o discípulo se ache apropriado de cada uma em separado, logo se vão associando pouco a pouco umas partes com outras, até formar um todo. Pode se utilizar na aprendizagem técnicas esportivas que requerem de ações coordenativas complexas.

Método de repetição lenta: método que se sustenta na teoria de que mediante a exercitação ou repetição lenta de exercícios físicos, não só o discípulo se apropria de sua execução técnica, mas também pode chegar a fomentar e desenvolver uma técnica do movimento verdadeiramente depurada, além disso este método permite ao treinador ou professor observar e determinar os erros biomecânicos do movimento de cada fase, o que permitirá a correção precoce das deficiências nas ações. Sua essência se firma basicamente em que para aprender um movimento técnico esportivo se recomenda inicialmente sua exercitação de forma lenta (como se fosse em câmera lenta) até ir aumentando a velocidade de execução do movimento conforme as exigências práticas, a velocidade de execução dos movimentos a se exercitar sempre deve ser controlada pelo treinador, partindo de sua experiência, do nível de assimilação dos atletas, dos objetivos que se deseja atingir, do momento em que se encontra a preparação, etc.

Método de repetição dinâmica por imitação do movimento: este método é de grande utilidade na aprendizagem e aperfeiçoamento de qualquer elemento que precise de uma acentuada coordenação de movimentos. A imitação do movimento de forma repetida faz com que se consiga nos discípulos familiarização, adestramento e união dos diferentes segmentos musculares, o qual constitui a base do aperfeiçoamento técnico de qualquer habilidade motora. É evidente aqui a relação existente entre as capacidades coordenativas e o desenvolvimento das habilidades, sejam elas básicas ou esportivas. Este método pode ser utilizado tanto na etapa de iniciação esportiva como na etapa do aperfeiçoamento atlético. A imitação do movimento é considerado um exercício prévio da execução do mesmo. Como indicações metodológicas é recomendável realizar uma correta imitação do movimento que se deseje realizar, se deve efetuar a maior quantidade de repetições do exercício e além disso se deve corrigir os erros apresentados durante as execuções.

Método de repetição dinâmica por execução do movimento: como seu nome o indica tem a particularidade de garantir a exercitação de forma repetida do exercício ou dos exercícios. Sua essência se firma na constante repetição do movimento, como via cientificamente comprovada, para que um sujeito possa se apropriar de um determinado movimento, pois a repetição continuada de um mesmo exercício começa a formar hábitos, fixa na memória motora do indivíduo sua execução técnica, e inclusive permite ao que realiza a ação motora ir se dando conta de qual é a melhor forma para realizar a ação.

Método de repetição do exercício variado: tem a característica de repetir ou realizar o exercício físico em sua forma variada.

Método de repetição do exercício standard: tem a característica de repetir ou realizar o exercício físico em sua forma standard. Com este método se garante repetir o exercício de forma contínua em sua forma standard, sem chegar a variar a mesma.

CAPÍTULO 7

METODOLOGIA PARA A CONFECÇÃO DE UM PLANO DE PREPARAÇÃO FÍSICA GERAL

7.1 – Algumas avaliações gerais sobre a confecção de um plano de preparação física

A preparação física constitui um dos componentes fundamentais dentro da preparação do esportista, sobretudo, em escolares e juvenis, abrange a maior parte de todo o tempo da preparação integral desde que começa a mesma até que finaliza.

Entende-se por preparação física como o processo biopsicopedagógico dirigido ao melhoramento das potencialidades morfofuncionais mediante o desenvolvimento adequado, equilibrado e progressivo das capacidades físicas as quais se manifestam no fortalecimento muscular e funcional do organismo.

Para a elaboração de um plano de preparação física se faz necessário levar em conta um grupo de aspectos de caráter essencial na organização, distribuição e controle de todos os conteúdos selecionados durante o período que dure a preparação.

Consideremos que um plano de preparação física deve se caracterizar por ser um projeto flexível, autêntico, real, objetivo, que se possa quantificar, sendo assim controlável de forma sistemática e que seja participativo e democrático.

Dentro das particularidades elementares a se ter em conta para sua confecção se faz necessário conhecer os seguintes aspectos:

- Características essenciais do esporte em questão.
- Particularidades biológicas, psicológicas, sociais e pedagógicas de cada atleta; e
- Características gerais, meio ambientais e temporal do processo de preparação geral.

- *Características essenciais do esporte em questão*

Para se referir às capacidades essenciais do esporte em questão, tem que se partir da necessidade de fazer uma caracterização geral do tipo de esporte ou modalidade que se pratique, com o objetivo de compreender melhor as particularidades biológicas nas que se desenvolve o esporte a praticar, assim como aqueles aspectos de caráter organizativos, metodológicos e psicológicos próprios da atividade esportiva. Neste sentido temos assumido um grupo de elementos expostos por A. Ranzola Rivas (2002), para a caracterização do esporte. São eles:

- Tipo de esporte ou modalidade esportiva.
- Características dos principais movimentos competitivos.
- Sistema energético predominante na atividade.
- Substrato energético por excelência.

- Tempo total aproximado de duração da competência em geral.
- Tempo total aproximado de duração diária da competição.
- Classe aproximada da freqüência cardíaca em competição.
- Classe das concentrações do lactato no sangue durante as competições.
- Composição muscular necessária.
- Capacidades físicas mais importantes.
- Qualidades psicológicas mais necessárias.
- Habilidades mais necessárias.
- Capacidades cognitivas.

- *Particularidades biológicas, psicológicas, sociais e pedagógicas de cada atleta*

Neste sentido devemos ter em conta os seguintes elementos com o objetivo de diagnosticar o estado geral de cada atleta:

- Realizar provas médico biológicas que nos permitam conhecer como se encontra o organismo de cada atleta.
- Realizar provas psicológicas que nos permitam conhecer os traços essenciais da personalidade de cada atleta.
- Aplicar técnicas investigativas de traço sociológico que nos ajudem a compreender o meio onde se desenvolveu e se desenvolve o atleta.
- Aplicar os testes pedagógicos que nos permitam conhecer o estado físico e técnico do atleta para o esporte que pratica.

- *Características gerais, meio ambientais e temporal do processo de preparação geral*

Este último aspecto é muito importante, sendo que aqui, o treinador deverá levar em conta os seguintes aspectos que complementam todas as ferramentas necessárias para a organização e planificação do plano de preparação física. Nos referimos aos seguintes elementos:

- Tempo total disponível para a preparação.
- Sexo, idade e nível de treinamento dos atletas.
- Experiência esportiva e competitiva.
- Tipo de competição para a qual se prepara o atleta.
- Características geográficas do lugar de preparação e da competência.
- Condições do clima reinante no lugar da preparação e da competição.
- Características do contrário ou dos contrários.
- Condições de trabalho em geral.
- Relação entre treinador – atleta e atleta – atleta, etc.
- Outros aspectos gerais de interesse.

7.2 – Metodologia para a confecção de um plano de preparação física por modelos de organização e planificação das cargas

Em nosso batalhar por encontrar novas formas que nos permitam organizar e planificar o componente da preparação física dentro da preparação do esportista, se encontra sem lugar para dúvidas, a forma de controlar e avaliar freqüentemente todas as atividades que dosificamos e aplicamos a nossos atletas, com o afã de alcançar cada vez mais, formas superiores de rendimento físico esportivo.

Um dos principais problemas que detectamos, hoje em dia, dentro da preparação do esportista, é precisamente, o componente pedagógico didático do controle e avaliação dos conteúdos que caracterizam a planificação e dosagem realizada pelo coletivo pedagógico e a forma em que se distribuem os mesmos no tempo e como se inter-relacionam entre si durante um período determinado de preparação.

Com o intuito de oferecer um modelo que garantisse aos treinadores esportivos conduzir de forma simples, clara e objetiva um plano de preparação física, na seqüência proporemos um grupo de passos metodológicos com seus correspondentes modelos a utilizar, com o qual pretendemos sem estar totalmente satisfeito, aproximarmos de formas de trabalho que nos permitam por um lado a orientação necessária para a direção deste processo e por outro, a necessária quantificação e controle do que se planifica e o que se faz, em cuja diferença se encontra a experiência que posteriormente facilita ao treinador se projetar em direção a novos planos e inclusive modificar e adequar os existentes.

Por tudo o anteriormente exposto, propomos um modelo de organização e planificação das cargas físicas dentro da preparação física geral do esportista, o qual se caracteriza por ser um modelo flexível, autêntico, científico, controlável, participativo e democrático, que se sustenta basicamente em três pilares básicos que constituem o ponto de partida deste modelo e que já anteriormente se haviam mencionado:

1º Ter em conta as características essenciais do tipo ou modalidade esportiva para a qual queremos nos preparar.

2º Ter presente e identificar as particularidades pedagógicas, psicológicas, biomédicas e sociológicas de cada atleta praticante.

3º Conhecer as características meio ambientais e temporais nas quais se desenvolverá o processo da preparação física geral.

Este modelo transcorre por diversas fases, as quais devem cumprir-se totalmente na elaboração do plano, cada fase orienta o treinador com um grupo de tarefas que permitirão a planificação sobre uma base científica. As fases pela qual deve se levar em conta a planificação são as seguintes:

- Fase de investigação ação participativa.
- Fase de programação.
- Fase de organização e distribuição dos conteúdos.
- Fase de execução prática e avaliação.
- Fase de comprovação (controle e avaliação).

- *Fase de investigação ação participativa*

Sua essência se funde na relação que deve se estabelecer entre o processo de investigação que tem implícito o diagnóstico que o treinador realiza para comprovar e determinar o ou os níveis de rendimento físico geral que possuem seus atletas e a ação participativa e consciente destes em tais provas.

Nesta fase é necessário a aplicação de variadas provas ou testes com diferentes enfoques, quer dizer, o treinador deve fazer uma seleção genérica de um conjunto de provas a efetuar, especificando para cada uma delas seu objetivo e as variáveis a medir, inclusive fundamentar teoricamente a utilização das mesmas.

O treinador deve aplicar provas pedagógicas, psicológicas, biomédicas e sociométricas, com o objetivo de identificar o estado íntegro de cada atleta para seu conhecimento. Além disso nesta fase se deve caracterizar as particularidades essenciais do tipo ou modalidade esportiva, assim como especificar as principais características meio ambientais e temporais nas que se vai desenvolver o processo da preparação física do esportista.

- *Fase de programação*

Esta fase se caracteriza por ser analítica e avaliativa, porque é onde vai ter lugar a análise e a avaliação quanto a todos os aspectos que se tenham em conta para a programação das cargas. Se determina, se define e se decidem os objetivos de trabalho e se especificam as tarefas a cumprir. Se considera uma fase projetiva, já que neste momento é essencial a exposição de idéias, pensamentos, critérios de possíveis investigações e intercâmbio mútuo entre cada integrante do coletivo pedagógico e com os atletas. Aqui deve se dar rédeas soltas à imaginação e à criatividade de todos.

- *Fase de organização e distribuição dos conteúdos*

Esta fase se caracteriza pelo momento onde tem lugar a seleção das direções do treinamento, tanto gerais como específicas, assim como os meios (exercícios) destinados para cada direção. Além disso aqui se distribuem os conteúdos para o tempo de preparação, especificando o momento onde se vão realizar e a forma em que se vai dosificar; também desempenha um papel essencial aqui a forma em que se inter-relacionam as cargas com diferentes direções.

- *Fase de execução prática e avaliação*

Esta tem lugar quando se aplica na prática todo o previamente planificado, nela se avalia a forma em que têm sido assimiladas as cargas por parte dos atletas mediante os resultados que se vão alcançando e pela própria investigação e observação dos treinadores. É considerada uma fase flexível, que admite troca e adequações segundo a realidade.

- *Fase de comprovação (controle e avaliação)*

É determinante na comprovação a incidência que tiveram as cargas no organismo do atleta, pois ele nos permite adequar, modificar e até traçarmos novos e superiores objetivos a atingir, tudo isto graças à constante avaliação e controle da preparação. A avaliação como componente didático do processo permite ir adequando as cargas convenientemente.

Metodologia para a confecção de um plano de preparação física geral mediante modelos de organização e planificação das cargas

Para levar a cabo um plano de preparação física se faz necessário conduzir a organização do processo através dos seguintes passos metodológicos:

1. Inserir as principais características do tipo ou modalidade esportiva em questão (modelo 1).

2. Especificar as particularidades pedagógicas, psicológicas, biomédicas e sociológicas de cada atleta (modelo 2A, B, C, D).

3. Expor as características meio ambientais e temporal do processo de preparação geral (modelo 3).

4. Especificar as direções do treinamento e os exercícios para cada uma delas a partir das exigências próprias das habilidades do esporte em questão (modelo 4A, B, C, D, E).

5. Selecionar os respectivos testes pedagógicos para cada exercício e traçar objetivos para cada um deles (modelo 5).

6. Distribuir as cargas físicas por exercícios para cada ciclo de preparação (modelo 6).

7. Distribuir e inter-relacionar as cargas físicas por sessões de treinamento (modelo 7).

Modelo 1 – Principais características do esporte praticado ou modalidade esportiva a praticar (Exemplo).

Parâmetros a avaliar	Principais características
Esporte	* Beisebol
Especialidade-posição de jogo-peso, etc. segundo convenha	* Jogadores de quadro
Movimentos característicos	*Acíclicos pelas situações de jogo *Cíclicos em determinadas ações
Sistema energético predominante	*Aeróbio pela duração do jogo *Anaeróbio em determinadas ações
Substrato energético que utiliza por excelência	*ATP e CP em algumas ações anaeróbicas *Glicógeno e gorduras pela duração do jogo
Tempo total aproximado de duração da competência (em dias preferivelmente)	*Depende da estrutura competitiva do campeonato (pode ser de 7 a 90 dias)
Tempo total aproximado de duração da competência diária segundo modelo competitivo	*Geralmente oscila entre os 120 e 180 minutos
Classe da freqüência cardíaca em competição	*Pode flutuar maiormente entre 100 e 150 P/M.
Classe das concentrações de lactato em sangue durante as competições	*Pode flutuar entre os 4 e os 10 mmol/l.
Estimado da composição muscular necessária ou predominância do tipo de fibra necessária	*FT do 50 ao 70%. *ST do 30 ao 50%.
Capacidades físicas mais necessárias	*Rapidez de reação e mudança *Força explosiva de pernas e braços *Coordenação motora *Resistência aeróbia *Mobilidade articular *Agilidade
Qualidades psicológicas necessárias	*Ter confiança em si mesmo *Ser decidido, audaz, valente, inteligente. *Ter boa concentração da atenção.

Modelo 2 – Especificar as particularidades pedagógicas, psicológicas, biomédicas e sociológicas de cada atleta (Exemplos de modelos)

Modelo 2A. Provas Pedagógicas (ver Capítulo 8 para mais detalhes).

Teste a aplicar	Direção que mede	Resul-tados	Avalia-ção	Objetivos
Agachamento com pesos	Força máxima de pernas	150 kg	24/E	Melhorar a força relativa de pernas e braços em 0.10 - 0.15 pontos.
Força de braços deitado	Força máxima de braços	120 kg		
Ferro em 10 seg.	Força rápida de braços	19 rep.	19 M/B	Realizar mais de 20 repetições em 10 seg.
Salto triplo sem corridas	Força rápida de pernas	7.40 m	11/B	Aumentar a força rápida de pernas em 15 - 20 cm.
Salto longo sem corridas	Força explosiva de pernas	2.45 m	6/R	Aumentar a força explosiva de perna em 5 - 10 cm.
Impulsão da bala (5 kg) com duas mãos desde o peito em posição sentado em uma cadeira	Força explosiva de braços	5.82 m	12/B	Aumentar a força explosiva de braços em 20 - 30 cm.
Saltos contínuos (tipo rã) durante 20 Seg.	Resistência à força rápida de pernas	52 m	11/B	Melhorar a resistência à força rápida de pernas em 8 - 12 m.
Ferros em 40 seg.	Resistência à força rápida de braços	54 rep.	15/B	Efetuar entre 55 e 60 repetições na prova de ferro em 40 seg.

Continua...

Continuação...

Agachament-os em 3 min. com o 40% da máxima.	Resistência à força de pernas	88 rep.	14/B	Elevar a resistência à força de pernas em 8 - 12 rep.
Morcego	Resistência à força de braços	1.42 min.	11/B	Melhorar o tempo na prova do morcego em 8 - 12 seg.
100 m planos	Resistência anaeróbia de curta duração	12.00 seg	12/B	Realizar uma corrida de 100 m em menos de 11.85 seg.
200 m planos	Resistência anaeróbia de média duração	25.80 seg	3/M	Realizar uma corrida de 200 m em menos de 26.30 seg.
400 m planos	Resistência anaeróbia de longa duração	58.44 seg	12/B	Fazer menos de 59.00 Seg. 400 m planos.
1.600 m planos	Resistência aeróbia de curta duração	4.45 min.	13/B	Fazer menos de 5.40.00 min. nos 1.600 m planos.
5.000 m planos.	Resistência aeróbia de média duração	18.12 min.	8/R	Fazer menos de 19.30.00 min nos 5.000 planos
Correr durante 30 min. e medir a distância	Resistência aeróbia de longa duração	8.200 m	17/MB	Aumentar a mais de 8.400 m a distância percorrida
Arrancadas 10 m	Rapidez de reação	1.64 Seg.	10/B	Fazer menos de 1.60 seg.
50 m planos.	Rapidez de mudança	6.50 Seg.	10/B	Fazer menos de 6.45 seg.
Mobilidade da coluna vertebral	Mobilidade articular	12 cm	12/B	Aumentar a mobilidade a mais de 5 cm.
Diamante	Agilidade	11.37 seg.	11/B	Realizar a prova do diamante em menos de 11.30 seg.

Modelo 2 B. Provas Psicológicas. Exemplo:

Teste a aplicar	Direção que mede	Resultados	Avaliação	Objetivos e tarefas a atingir
Técnica dos 10 desejos	Aspirações futuras e interesses	Se determinam os mesmos em cada teste.	Segundo a escala evolutiva de cada teste.	Se projeta mediante um sistema de ações e tarefas a cumprir durante a preparação
Técnica dos motivos esportivos de D.S. Butt (I e II variantes)	Níveis de motivação	Idem	Idem	Idem
Teste de capacidade coordenativa. (T.W. Mac Quarrie)	Capacidade coordenativa. Rapidez motora Precisão	Idem	Idem	Idem
Teste de integração grupal	Inter-relação grupal	Idem	Idem	Idem
Teste do temperamento de M. Fuentes e J. Román	Tipos de temperamento de cada atleta	Idem	Idem	Idem
Técnica da composição	Motivos da personalidade	Idem	Idem	Idem
Inventário de auto-avaliação. IDARE	Auto-avaliação. (Ansiedade como traço reativo e situacional)	Idem	Idem	Idem
Inventário do rendimento psicológico	Rendimento psicológico	Idem	Idem	Idem
Teste de sintoma de carga	Grau de assimilação das cargas	Idem	Idem	Idem

Continua...

Continuação...

Questionário de traços do caráter	Traços do caráter dos atletas	Idem	Idem	Idem
Teste de relação interpessoal com o treinador	Relações interpessoais	Idem	Idem	Idem
Teste da exploração do sonho	Alterações ou não dos sonos.	Idem	Idem	Idem
Teste de atitude para a competição	Atitude para a competição	Idem	Idem	Idem

Modelo 2 C. Provas biomédicas

Teste a aplicar	**Objetivo que mede**	**Resultados**	**Avaliação**	**Objetivos e tarefas a atingir**
Análise antropométrica	Diâmetro dos diferentes segmentos musculares do organismo	Se determinam os resultados em cada teste	Se avaliam desde a óptica médica	Se determinam os objetivos e tarefas que resultem conveniente em relação com cada teste
Análise clínica	Provas de laboratórios: sangue, urina e fezes, etc.	Idem	Idem	Idem
PWC-170	Capacidade de trabalho	Idem	Idem	Idem
Prova Veloergométrica	Máximo consumo de oxigênio	Idem	Idem	Idem

Nota: Se aplicam todas as provas que tanto o médico como o treinador considerem necessário e existam as condições para sua realização.

Modelo 2 D. Provas Sociométricas

Teste a aplicar	Objetivos que mede	Resultados	Avaliação	Objetivos e tarefas a atingir
Completamento de frases	- Ter a maior informação possível sobre as condições sociais e do meio no qual se desenvolveu o sujeito	Se determinam os resultados em cada teste	Se avaliam desde a óptica médica	Se determinam os objetivos e tarefas que resultem conveniente em relação com cada teste
Sociogramas	Idem	Idem	Idem	Idem

Nota: Se aplicam todas as provas que o treinador considere necessário.

Modelo 3. Expor as características meio ambientais e temporal do processo de preparação geral

Parâmetros gerais, meio ambientais e temporais	**Estrutura ou características**
Média de temperatura do lugar onde se desenvolverá o treinamento físico e a competição	Treinamento: entre 25 - 34 graus Competição: entre 30 - 36 graus
Média da umidade relativa do ambiente onde se treinará	Treinamento: entre 70 - 80 Competição: idem.
Horário do dia em que se treinará	De 8.30 am a 12:00 pm.
Estação do ano pela qual transitará o treinamento	outono - inverno - primavera.
Clima reinante no lugar de treinamento e competição	Clima tropical seco (exemplo novembro-abril.)
Características dos possíveis oponentes	Especificar as principais características de todos os oponentes, sobretudo conhecer as fortalezas e as debilidades de cada um deles, assim como conhecer o sistema ou forma em que se desempenham na área

Continua...

Continuação...

Condições de trabalho em geral	Especificar a situação em que se encontram todos os meios necessários para fazer possível o processo
Tempo total disponível para a preparação (dias)	Exemplo: 150 dias
Sexo e idade	Masculino, categoria 15 - 16 anos
Experiência esportiva e competitiva	6 anos de experiência
Tipo de competição para a qual se prepara o atleta	Campeonato Nacional
Características geográficas do lugar de preparação e da competição	Lugar de preparação: zona plana com temperaturas entre os 25 e os 32 graus celsius. Lugar de competição: idem.
Relação entre treinador-atleta	Necessário especificar como são estas relações, assim como estabelecer um plano de trabalho para continuar melhorando-as.
Relação entre atleta-atleta	Necessário especificar como são estas relações, assim como estabelecer um plano de trabalho para continuar melhorando-as

Modelo 4. Especificar as direções do treinamento e os exercícios para cada uma delas a partir das exigências próprias das habilidades do esporte em questão

Modelo 4. A Relativo à capacidade de Resistência

Direções do treinamento esportivo de caráter físico	**Exercícios selecionados**
Resistência aeróbia de longa duração (mais de 30 min.)	• Cross country de 30 min. • Jogos esportivos por mais de 30 min. (futebol, basquete, handboll, beisebol, etc.)

Continua...

Continuação...

Resistência aeróbia de média duração (10 a 30 min.)	• Correr 5.000 m planos • Cross country de 20 min.
Resistência anaeróbia de curta duração (3 a 10 min.)	• Cross country de 10 min. • Correr os 1.600 m planos
Resistência anaeróbia de longa duração (de 60 a 120 seg.)	• Trechos de 600 m planos • Trechos de 400 m planos
Resistência anaeróbia de média duração (de 20 a 60 seg.)	• Trechos de 200 m planos • Trechos de 300 m planos
Resistência anaeróbia de curta duração (de 10 a 20 seg.)	• Trechos de 100 m planos • Trechos de 150 m planos

Modelo 4B. Relativo à capacidade de Força

Direções do treinamento esportivo de caráter físico	**Exercícios selecionados**
Resistência à força de pernas. (Com pesos abaixo de 45% do total máximo e tempo de trabalho superior aos 3 min.)	• Semi-agachamentos com pesos • Agachamentos com pesos • Exercícios múltiplos em escadas • ABC do atletismo • Correr em pendentes, etc.
Resistência à força de braços (idem ao anterior)	• Pronação deitado • Força de ombros na frente e atrás • Paralelas • Barras ou trações em barras
Resistência à força abdominal (tempo de trabalho superior aos 3 min.)	• Abdominais por mais de 3 min.
Força máxima de pernas (com pesos superiores a 80% da máxima)	• Semi-agachamentos com pesos • Agachamentos com pesos
Força máxima de braços (com pesos superior à 80% da máxima)	• Pronação deitado • Força de ombros na frente e atrás • Puxar desde a posição parada
Força explosiva de braços (lançamentos)	• Exercícios de lançamentos com diferentes pesos e desde diferentes posições e formas

Continua...

Continuação...

Força explosiva de pernas (saltos)	• Exercícios múltiplos de saltos individuais
Força rápida de pernas (menos de 10 seg.) (com pesos entre os 30 e 79 da máxima segundo o ritmo do exercício)	• Exercícios variados com pesos • Exercícios múltiplos de saltos contínuos (pliometria)
Força rápida de braços (menos de 10 seg.) (com pesos entre 30 e 79 da máxima)	• Exercícios variados com pesos • Ferros
Resistência à força rápida de pernas (tempo de trabalho entre os 10 seg. e os 180)	• Exercícios variados com pesos • Exercícios múltiplos de saltos contínuos (pliometria) • Trote no lugar
Resistência à força rápida de braços. (tempo de trabalho entre os 10 seg. e os 180)	• Exercícios variados com pesos • Ferros
Resistência à força rápida abdominal. (tempo de trabalho entre os 10 seg. e os 180)	• Abdominais com ritmo acelerado

Modelo 4C. Relativo à capacidade de Rapidez

Direções do treinamento esportivo de caráter físico	**Exercícios selecionados**
Rapidez de reação (tempo de trabalho menor a 3 seg.)	• Arrancadas desde diferentes posições • Exercícios de reação simples • Exercícios de reação complexa
Rapidez de mudança (até os 10 seg.)	• Arrancadas curtas com deslocamentos • Corridas de velocidade a diferentes distâncias
Resistência à rapidez de reação (tempo de trabalho entre 10 seg e 3 min.)	• Diferentes exercícios com mudanças de direção

Modelo 4D. Relativo à capacidade de Mobilidade

Direções do treinamento esportivo de caráter físico	**Exercícios selecionados**
Mobilidade articular	• Exercícios de mobilidade da coluna vertebral • Exercícios de mobilidade dos ombros • Exercícios de mobilidade coxofemoral

Modelo 4E. Relativo às capacidades Coordenativas

Direções do treinamento esportivo de caráter físico	**Exercícios selecionados**
Capacidades coordenativas	• Múltiplos exercícios que garantam a prática de ações coordenativas complexas e especiais

Modelo 5. Selecionar os respectivos testes pedagógicos para cada exercício e traçar objetivos para cada um deles

Cap.	**Ordem dos exercícios**	**Teste**	**Objetivos**
R	* Cross country de 30 min.	* 30 min.	* Melhorar o tempo em uma categoria de 60 a 120 seg.
R	* Jogos esportivos por mais de 30 min. (futebol, basquete, handboll, beisebol, etc.)	* Teste do controle da F. cardíaca	* Melhorar a capacidade de recuperação de cada atleta em relação à freqüência cardíaca ao terminar o jogo selecionado, aos 3 e à 5 minutos respectivamente
R	* Correr 5.000 m planos	* 5.000 m	* Melhorar a corrida de 5.000 m em uma categoria de 1 a 2 min.

Continua...

Continuação...

R	* Cross country de 20 min.	* Teste de 20 min.	* Aumentar a distância percorrida de 200 a 400 m.
R	* Cross country de 10 min.	* Teste de 10 min.	* Aumentar a distância percorrida em uma categoria entre os 400 e os 600 m.
R	* Correr os 1.600 m. planos	* Teste de 1.600 m.	* Melhorar o tempo de corrida em mais de 10 seg.
R	* Trechos de 600 m. planos	* Teste de 600 m.	* Melhorar o tempo de corrida de 1 a 2 seg.
R	* Trechos de 400 m. planos	* Teste de 400 m.	* Melhorar o tempo de corrida de 1 a 2 seg.
R	* Trechos de 200 m. planos	* Teste de 200 m.	* Melhorar o tempo de corrida de 0.10 a 0.20 seg.
R	* Trechos de 300 m. planos.	* Teste de 300 m.	* Melhorar o tempo de corrida de 0.10 a 0.20 seg.
R	* Trechos de 100 m. planos	* Teste de 100 m.	* Melhorar o tempo de corrida de 0.05 a 0.10 seg.
R	* Trechos de 150 m. planos	* Teste de 150 m.	* Melhorar o tempo de corrida de 0.05 a 0.10 seg.
F	* Semi-agachamentos com pesos	* F. Máx. no semi-agachamento	* Aumentar a força máxima de 10 a 20 kg.
F	* Agachamentos com pesos	* F. Máx no agachamento	* Aumentar a força máxima de 5 a 10 kg.
F	* Exercícios múltiplos em escadas	* Teste do complexo de ações múltiplas	* Melhorar o tempo anterior do complexo
F	* ABC do atletismo	* ________	* ________
F	* Pronação deitado	* F. Máx.	* Aumentar a força máxima de 10 a 20 kg.
F	* Força de ombros na frente e atrás	* F. Máx.	* Aumentar a força máxima de 10 a 20 kg.

Continua...

Continuação...

F	* Paralelas	* Máximo	* Aumentar em 3 repetições
F	* Barras ou trações na barra	* Máximo	* Aumentar em 3 repetições
F	* Abdominais por mais de 3 min.	* Máximo	* Aumentar em 5 repetições
F	* Força de ombros na frente e atrás	* Máximo	* Aumentar a força máxima de 10 a 15 kg.
F	* Puxar desde a posição parada	* Máximo	* Aumentar a força máxima de 10 a 20 kg.
F	* Exercícios de lançamentos com diferentes pesos e desde diferentes posições e formas	* Teste da impulsão da bala (5kg)	* Aumentar a distância do projétil em uma categoria de 40 a 60 cm.
F	* Exercícios múltiplos de saltos individuais	* Salto triplo	* Melhorar a distância em uma categoria de 25 a 50 cm.
F	* Exercícios variados com pesos	* ________	* ________
F	* Exercícios múltiplos de saltos contínuos (pliometria)	* ________	* ________
F	* Exercícios variados com pesos	* ________	*
F	* Ferros	* Ferros em 10 seg.	* Realizar um aumento superior a 3. Repetições
F	* Exercícios variados com pesos	* ________	* ________ ________

Continua...

Continuação...

F	* Exercícios múltiplos de saltos contínuos (pliometria)	* ________	* ________ ________
F	* Trote no lugar	* ________	* ________ ________
F	* Exercícios variados com pesos	* ________	* ________ ________
F	* Ferros	* Ferros em 40 seg.	* Realizar um aumento de mais de 5 repetições
F	*Abdominais com ritmo acelerado	* Abdominais em 40 seg.	* Realizar um aumento de mais de 4 repetições
F	* Arrancadas desde diferentes posições	* ________	* ________ ________
Rap.	* Exercícios de reação simples	* ________	* ________ ________
Rap.	* Exercícios de reação complexa	* ________	* ________ ________
Rap	* Arrancadas curtas com deslocamentos	* Arrancadas a 10 m.	* Melhorar o tempo em 0.05 seg.
Rap	* Corridas de velocidade a diferentes distâncias	* 30 m. planos	* Melhorar o tempo em uma categoria de 0.5 a 0.10 seg.
Rap	* Diferentes exercícios com mudanças de direção	* ________	* ________ ________
Mov.	* Exercícios de mobilidade da coluna vertebral	* Barquinho	* ________ ________

Continua...

Continuação...

Mov.	Exercícios de mobilidade dos ombros	* Teste da mobilidade dos ombros	* ________ ________
Mov.	* Exercícios de mobilidade coxofemoral	* Teste da mobilidade coxo-femoral	* ________ ________

Modelo 6. Distribuir as cargas físicas por cada ciclo de preparação (cada ciclo de 21 dias)

Ciclo: 2		**Microciclo Nº 2**			**Sessões: 36-41**	
Exercícios	**36/Segunda-feira**	**37/Terça-feira**	**38/ Quarta-feira**	**39/ Quinta-feira**	**40/Sexta-feira**	**41/ Sábado**
Agachamentos com pesos	5x20 / 45%		6x20 / 45%		5x20 / 45%	
Gastronêmios com pesos	5x30 / 45%		6x30 / 45%		5x30 / 45%	
Pronação deitado	6x18 / 40%		6x18 / 40%		6x18 / 40%	
Ombros com pesos	4x15 / 40%		4x15/ 40%		4x15 / 40%	
Antebraços	4x20 / 35%		4x20 / 35%		4x20 / 35%	
Abdominais	4x30		4x30		4x30	
Barras	5x10		5x10		5x10	
Trote elevando coxa		3x20 m		3x20 m		3x20 m
Trote tocando glúteo		3x20 m		3x20 m		3x20 m
Salto índio		3x20 m		3x20 m		3x20 m
Saltos laterais em direção a direita		3x20 m		3x20 m		3x20 m

Continua...

Continuação...

Saltos laterais em direção a esquerda		3x20 m		3x20 m		3x20 m
Saltos alternados		3x20 m		3x20 m		3x20 m
Salto rã		2x20 m		2x20 m		2x20 m
800 m planos		2x800 m		2x800 m		2x800 m
Cross country	8 min.				12 min.	
Exercícios de alongamento	15 min.	15 min.	15 min.	15 min.	15 min.	15 min.
Lançamentos com pesos de frente com a mão de lançamento (bolas 5 kg).	25 rep.		25 rep.		25 rep.	
Aquecimento	20 min	20 min	20 min	20 min	20 min	20 min

Modelo 7. Distribuir e inter-relacionar as cargas físicas por sessões de treinamento

Sessão Nº 36	**Ciclo: 2**		**Microciclo: 2**	
Exercícios	**Direção**	**Dosagem**	**Métodos**	**Indicações met./ Observações**
Lançamentos com pesos de frente com a mão de lançamento (bolas 5 kg).	Força explosiva de braços	1x25 rep.	Standard por repetições	As que correspondam segundo as circunstâncias
Agachamentos com pesos	Resistência à força das pernas	5x20 / 45%	Standard por repetições	Idem
Gastronêmios com P.	Resistência à força das pernas	5x30 / 45%	Standard por repetições	Idem
Pronação deitado	Resistência à força dos braços	6x18 / 40%	Standard por repetições	Idem

Continua...

Continuação...

Ombros com P.	Resistência à força dos braços	4 x15 / 40%	Standard por repetições	Idem
Antebraços	Resistência à força dos antebraços	4x20 / 35%	Standard por repetições	Idem
Abdominais	Resistência à força do abdômen	4x30	Standard por repetições	Idem
Barras	Resistência à força dos braços	5x10	Standard por repetições	Idem
Cross country	Resistência aeróbia de curta duração	8 min.	Método contínuo invariável aeróbio	Idem
Exercícios de alongamento	Diminuir o grau de tensão muscular	15 min.	Standard por repetições	Idem
Exercícios combinados	Aquecimento	20 min.	Standard por repetições	Idem

CAPÍTULO 8

O SUPERTESTE-BERTY. UMA PROPOSTA QUE MEDE O NÍVEL MÁXIMO DE RENDIMENTO FÍSICO GERAL EM ATLETAS DE ALTO RENDIMENTO ESPORTIVO

8.1 – Resumo do trabalho

O superteste-berty: uma proposta que mede o nível máximo de rendimento físico geral de um atleta de alto rendimento esportivo constitui um trabalho que propõe uma alternativa para o controle e a avaliação da preparação física geral independentemente do esporte praticado.

O nível máximo de rendimento físico geral de um atleta de alto rendimento esportivo constitui o aspecto quantificável pela qual se expressa a capacidade máxima que possui um indivíduo de suas qualidades físicas e que se manifesta em suas possibilidades de rendimento físico ante os diferentes movimentos espaço corporais que exigem as diversas modalidades esportivas.

Neste trabalho se efetua uma breve sinopse do desenvolvimento das capacidades físicas esportivas e sua importância para o desenvolvimento do esporte.

Foi necessário, antes de construir o instrumento que mede o nível máximo de rendimento físico geral de um atleta de alto rendimento esportivo, realizar uma classificação das diferentes modalidades que se manifestam no esporte, que por sua vez se convertem em direções do treinamento esportivo que merecem uma análise posterior para a busca de novas formas de organização e planificação das cargas físicas durante os treinamentos para nossos centros de alto rendimento.

Este instrumento pedagógico que elaboramos consta de vinte provas que medem diferentes modalidades de capacidades físicas, permitindo ao treinador conhecer o estado em que se encontra cada atleta em cada prova, além de conhecer seu estado físico geral em um determinado momento, já que projetamos uma fórmula que permite medir o nível máximo de rendimento físico geral. Este superteste se realiza durante uma semana de trabalho, as provas se distribuem de forma pedagogicamente organizada, o que além de servir como parte da preparação física geral para um atleta, constitui um microciclo de controle e avaliação de grande utilidade.

Este instrumento responde a uma necessidade latente no processo de treinamento esportivo atual, pois não existe em Cuba, nem temos conhecimento dele no mundo, de alguma forma que sirva para medir o comportamento físico geral de um atleta independentemente da especialidade esportiva que pratique e que de fato se converta em um termômetro para avaliar a preparação física geral durante a preparação do esportista.

Esta proposta constitui a primeira aproximação ao que poderia converter-se em um instrumento imprescindível para qualquer treinador que conduza um processo de treinamento a longo prazo em atletas de alto rendimento esportivo na categoria juvenil e de maiores.

Para a conformação das escalas avaliativas por cada prova nos baseamos fundamentalmente nos resultados dos recordes mundiais em algumas provas e em outras, os resultados obtidos nos atletas de alto rendimento da ESPA "Julio Díaz González" da província La Habana, especificamente os de atletismo, pois consideramos o esporte rei como um dos mais completos desde o ponto de vista físico integral.

8.2 – Introdução e fundamentação

Desde os meus anos de esportista sempre sonhei com a idéia de criar alguma fórmula ou prova física geral com a qual se pudesse quantificar o nível máximo de rendimento físico geral de um atleta de alto rendimento esportivo, submetido a um regime de treinamento físico elevado. Depois de esgotadores esforços e tentativas para consegui-lo, acreditamos tê-lo conseguido com a proposta que fazemos com o superteste-berty.

O treinamento esportivo é um processo pedagógico, complexo e especializado que exige uma direção científica integradora de cada um dos componentes do processo de ensinamento e aprendizagem para a obtenção de resultados esportivos superiores, tudo isto dirigido ao aperfeiçoamento das potencialidades físicas, técnico-táticas, teóricas, psicológicas, educativas e de formação de valores éticos e estéticos nos atletas com o propósito de alcançar uma ótima e adequada forma esportiva, no momento desejado e para a competição.

Dentro dos componentes do processo de ensinamento e aprendizagem se encontra os objetivos, os conteúdos, os métodos, os meios, os procedimentos organizativos e o controle e avaliação. Precisamente este último é talvez o componente mais fraco no processo da preparação do esportista atual. A experiência que temos tido no controle e avaliação de múltiplas equipes esportivas de alto rendimento, no que se refere à preparação física, nos tem permitido compreender que na prática não existe nenhuma forma que possibilite ao treinador conhecer o estado geral em que se encontram seus atletas, em oposição, só possui um grupo de provas orientadas pelas comissões nacionais de cada esporte e que aparecem nos programas, que oferecem suas escalas avaliativas em cada prova, mas nunca podemos avaliar integramente o nível de preparação física geral de um atleta de alto rendimento esportivo.

Nesta direção se tem centrada a problemática do nosso trabalho, daí, que o propósito do mesmo se tem encaminhado a criar algumas formas que permita avaliar de maneira geral e íntegra o nível máximo que possui um esportista de sua preparação física, componente este, sumamente importante, na preparação do esportista.

A preparação física de um esportista está determinada pelo desenvolvimento que o mesmo possui de suas capacidades físicas. Estas são qualidades biológicas (orgânicas e funcionais) e psíquicas que tem o organismo de um atleta e que se manifestam através das diferentes modalidades esportivas.

Para a elaboração deste trabalho foi necessário realizar uma classificação dos diferentes tipos de capacidades físicas esportivas, partindo do critério de alguns autores e o próprio. Temos classificado fundamentalmente as capacidades condicionais (que são capacidades quantitativas), que se convertem por sua vez em direções gerais do treinamento esportivo, as quais podem constituir não só pontos de partidas para a preparação física geral de um esportista, mas além disso, cada modalidade manifestada no esporte constitui de fato, direções muito mais específicas que permitirão ao treinador precisar, adequar e organizar muito melhor as cargas durante a preparação do esportista, assim como controlá-la e avaliá-la.

O superteste-berty não é mais que um conjunto de provas pedagogicamente organizadas, que se distribuem para sua realização em um microciclo de trabalho. O mesmo consta de 20 provas que se realizam durante cinco dias, cada prova está selecionada para medir um determinado tipo de capacidade física, que se manifesta de alguma maneira nas atividades esportivas. Cada prova permite sua avaliação individual e além disso se elaborou uma fórmula que permite quantificar e avaliar o nível máximo de rendimento físico geral de um atleta de alto rendimento esportivo, a partir dos resultados que oferecem cada teste realizado.

A importância que concedemos a este superteste, é que o mesmo oferece uma alternativa para determinar o maior nível de rendimento físico geral de um atleta de alto rendimento esportivo, além de converter-se em um instrumento muito importante para a avaliação da preparação física geral durante a preparação do esportista, inclusive pode chegar a converter-se em um microciclo de controle das cargas físicas o que permitirá ao treinador intercalar este microciclo no macrociclo de treinamento, segundo entenda e seja necessário.

O superteste tem 10 provas que medem diferentes modalidades de força, 6 de resistência, 2 de rapidez e uma respectivamente para a mobilidade e a agilidade.

A situação problemática que gerou este trabalho foi a necessidade de criar alguma fórmula que nos permitisse conhecer o estado físico geral de um atleta de alto rendimento esportivo, ante a carência total de provas que permitiram conhecer este estado, pois só a literatura consultada oferece provas muito específicas a cada especialidade, mas algo que unificasse e integrasse os resultados não existia, daí que nos propuseram o seguinte problema científico:

Como medir o nível máximo de rendimento físico geral de um atleta de alto rendimento esportivo?

Pelo que o objeto de estudo, se centra no processo de avaliação do nível máximo de rendimento físico geral de um atleta de alto rendimento esportivo, sendo o campo de ação a fórmula para a determinação do nível máximo de rendimento físico geral.

Daí apresentamos um projeto como objetivo a proposta de uma fórmula a partir de um complexo de provas a realizar que mede o nível máximo de rendimento esportivo que inclua a maior quantidade possível de modalidades manifestadas no desenvolvimento das capacidades físicas do homem.

Deste objetivo, se desprende as seguintes tarefas:

- Especificar as diferentes modalidades de capacidades físicas motoras que se manifestam nas atividades esportivas, partindo do critério de alguns autores e o próprio.
- Estabelecer para cada modalidade de capacidade física uma prova e sua forma de avaliação.
- Aplicar o conjunto de provas a atletas de alto rendimento esportivo para a criação das tabelas avaliativas.

Propor uma fórmula que mede o nível máximo de rendimento físico geral de um atleta de alto rendimento esportivo.

8.3 – Organização e distribuição para a realização e aplicação do Superteste-berty

O instrumento (Superteste-berty) utilizado consta de 20 provas das quais foram realizadas durante cinco dias contínuos distribuídas da seguinte forma:

Primeiro dia: segunda-feira

- Mobilidade.
- 50 m. planos.
- Força máxima de pernas.
- Força máxima de braços.
- 1.600 m. planos.

Segundo dia: terça-feira

- Força explosiva de pernas.
- Força explosiva de braços.
- 400 m. planos.

Terceiro dia: quarta-feira

- Força rápida de pernas.
- Força rápida de braços.
- 5.000 m. planos.

Quarto dia: quinta-feira

- Agilidade.
- Resistência à força rápida de pernas.
- Resistência à força rápida de braços.
- 100 m. planos.
- 200 m. planos.

Quinto dia: sexta-feira.

- Rapidez de reação.
- Resistência à força de pernas.
- Resistência à força de braços.
- Correr durante 30 minutos.

Tipo de capacidade	Direção que mede	Teste a aplicar
Força	Força máxima de pernas	Agachamentos com pesos
	Força máxima de braços	Força de braços deitado
	Força rápida de braços	Ferros em 10 seg.
	Força rápida de pernas	Salto triplo sem impulso
	Força explosiva de pernas	Salto longo sem impulso
	Força explosiva de braços	Impulsão da bala com duas mãos desde o peito (5 kg)
	Resistência à força rápida de pernas	Saltos contínuos (tipo rã) durante 20 seg.
	Resistência à força rápida de braços	Ferros em 40 seg.
	Resistência à força de pernas	Agachamentos em 3 minutos com 40% da máxima

Continua...

Continuação...

	Resistência à força de braços	Morcego
	Resistência anaeróbia de curta duração	100 m. planos
Resistência	Resistência anaeróbia de média duração	200 m. planos
	Resistência anaeróbia de longa duração	400 m. planos
	Resistência aeróbia de curta duração	1.600 m. planos
	Resistência aeróbia de média duração	5.000 m. planos
	Resistência aeróbia de longa duração	Correr durante 30 min. e medir distância
Rapidez	Rapidez de reação	Arrancadas 10 m.
	Rapidez de mudança	50 m. planos.
	Mobilidade	Mobilidade da coluna vertebral
Mobilidade Coordenativas	Agilidade	Diamante

8.4 – Explicação textual de cada uma das provas a aplicar por ordem de realização

1. *Mobilidade articular:* se realiza uma prova de medição da mobilidade da coluna vertebral. O atleta se coloca sobre um banco com suas pernas estendidas e com uma régua entre ambos os dedos indicadores, realiza uma flexão ventral do tronco até o limite máximo de suas possibilidades. Se passar da ponta dos pés, se mede a quantidade de centímetros de forma positiva e se não passar se contam os mesmos de forma negativa. Exemplo: +5 ou –5.

2. *50m planos:* prova que mede a rapidez de mudança. Se realiza uma corrida ao máximo de velocidade a uma distância de 50 m planos e se toma o tempo.

3. *Força máxima de pernas:* se realiza uma repetição de agachamentos profundos com o peso máximo expressado em kg.

4. *Força máxima de braços:* se mede a força máxima de braços deitado no banco, expressado também em kg.

5. *1.600 m. planos:* prova que mede a resistência aeróbia de curta duração. Se realiza uma corrida em uma pista de atletismo de 1.600 m., equivalente a quatro voltas ovais e se toma o tempo.

6. *Força explosiva de pernas:* para medir a força explosiva de pernas se realiza uma prova de salto longo sem

impulso e se marca em centímetros a última pegada deixada pelo atleta.

7. *Força explosiva de braços:* com uma bala sustentada de 5 kg. com ambas as mãos, à altura do peito e desde a posição sentada em um banco ou cadeira, se realiza uma impulsão da bala tratando de alcançar a maior distância. O treinador mede a distância deixada pelo implemento.

8. *400 m. planos:* prova que mede a resistência anaeróbia de longa duração. Se realiza uma corrida de 400 m. planos em uma pista de atletismo e se toma o tempo da mesma.

9. *Salto triplo sem impulso:* prova que mede a força rápida de pernas. Se realizam três saltos contínuos e se mede a distância que alcança o atleta.

10. *Ferros em 10 seg.:* prova que mede a força rápida de braços. Se realiza em um tempo de 10 seg. a maior quantidade possível de ferros que possa efetuar um atleta de forma correta.

11. *5.000 m. planos:* prova que mede a resistência aeróbia de média duração. Se realiza uma corrida de 5.000 m. planos na pista de atletismo que mede o tempo.

12. *Agilidade:* aqui se realiza uma prova, a qual temos denominado de diamante, que consiste em transportar bolas ou objetos em uma estrutura parecida a um diamante, que tem 10 m. de comprimento e 5 de largura.

13. Resistência à força rápida de pernas: nesta prova se realizarão saltos contínuos (tipo rã) durante 20 seg. e trabalho e se medirá a distância alcançada pelo atleta.

14. *Resistência à força rápida de braços:* se realizarão ferros (maior quantidade possível) em um tempo de 40 seg.

15. *100 m. planos:* prova que mede a resistência anaeróbia de curta duração, a arrancada é baixa.

16. *200 m. planos:* prova que mede a resistência anaeróbia de média duração.

17. *Rapidez de reação:* se realizam duas arrancadas curtas (10 metros) e se toma o melhor tempo realizado pelo atleta.

18. *Resistência à força de pernas:* esta prova se realiza efetuando a maior quantidade de agachamentos profundos possíveis durante 3 min. de trabalho com 40% da força máxima.

19. *Resistência à força de braços:* esta prova se mede a partir de um teste denominado morcego, que consiste no maior tempo possível que possa sustentar-se com os braços estendidos na barra fixa a largura dos ombros de um atleta.

20. *Resistência aeróbia de longa duração:* significa correr em uma pista de atletismo durante 30 min., ao concluir se mede a quantidade de metros alcançados por cada atleta.

8.5 – Importância da criação do Superteste - berty

O nível máximo de rendimento físico geral de um atleta de alto rendimento esportivo constitui o aspecto quantificável pela qual se expressa a máxima capacidade que possui um indivíduo de suas qualidades físicas e que se manifesta em suas possibilidades de rendimento físico ante os diferentes movimentos espaço corporais que exigem as diversas modalidades esportivas.

A criação de um teste que nos permitiria avaliar a preparação física integral de um atleta de alto rendimento esportivo, tem sido sempre motivo constante de inspiração de nosso trabalho diário.

A seleção de um grupo de provas que ajustam o Superteste-berty a partir das diferentes modalidades de capacidades físicas manifestadas nos esportes, sem dúvida, nos oferece uma maior noção do estado em que se encontra um atleta desde o ponto de vista físico geral.

A importância que lhe concedemos à aplicação deste Superteste-berty com o qual pretendemos medir o nível máximo de rendimento físico geral de um atleta de alto rendimento esportivo está na possibilidade de conhecer como se encontra um atleta fisicamente de maneira geral, pois na literatura consultada não detectamos algum tipo de teste com estas características, mas também se limitam a medir capacidades separadamente, nunca temos visto alguma prova que apanhe ou mede o estado físico geral de um atleta e por outro lado, consideramos que um dos objetivos fundamentais que devemos seguir no esporte escolar e juvenil se refere quanto à preparação física geral, é o princípio do caráter multilateral das cargas, daí a fundamentação do porquê medimos diferentes tipos de capacidades e o porquê de tantas provas.

Consideramos que o conjunto de provas, além de constituir um instrumento essencial no controle e avaliação das cargas, se converte em um microciclo de treinamento, já que as provas estão ordenadas de forma que garantam tanto a avaliação como a continuidade da preparação do esportista.

Alguns critérios sobre as diferentes modalidades de capacidades físicas esportivas que se manifestam no esporte

Atualmente podemos encontrar na literatura internacional muitas formas de estruturar ou classificar as capacidades físicas esportivas. Uma das tarefas básicas que empreendemos com a elaboração desta investigação foi precisamente estabelecer uma classificação de capacidades físicas que recolhem a maior quantidade de formas ou modalidades em que estas se manifestam as mesmas nos diferentes esportes existentes.

Esperamos que a presente classificação nos permita aproximar muito mais, à compreensão do desenvolvimento das qualidades físicas no homem, tema este, que consideramos que ainda falta muito para conhecer, pois a complexidade deste fenômeno assim o demonstra.

Basicamente sustentamos nosso ponto de partida neste trabalho a partir da elaboração de uma classificação de qualidades físicas condicionais, que nos permitiria quantificar na prática diferentes formas de manifestação das mesmas, independentemente das características e particularidades dos diversos esportes existentes na atualidade.

8.6 – Proposta do Superteste para a determinação do nível máximo de rendimento físico geral de um atleta de alto rendimento esportivo

Como calcular o nível máximo de rendimento físico geral de um atleta de alto rendimento esportivo?

$$N = \frac{S}{19} \times 4$$

N = Nível máximo de rendimento físico geral de um atleta de alto rendimento esportivo

S = Somatória dos testes avaliados.

Tabela 48 – Prova 1 e 2. Mobilidade da coluna vertebral e rapidez de mudança (50 metros planos)

Valores de mobilidade	Pontos	Valores de 50 m planos	Pontos
0	0	+ 7.40	0
+1 cm	1	7.31 - 7.40	1
+2 cm	2	7.21 - 7.30	2
+3 cm	3	7.11 - 7.20	3
+4 cm	4	7.01 -7.10	4
+5 cm	5	6.91 -7.00	5
+6 cm	6	6.81 - 6.90	6

Continua...

Continuação...

+7 cm	7	6.71 -6.80	7
+8 cm	8	6.61 -6.70	8
+9 cm	9	6.51 -6.60	9
+10 cm	10	6.41-6.50	10
+11 cm	11	6.31 -6.40	11
+12 cm	12	6.21 -6.30	12
+13 cm	13	6.11- 6.20	13
+14 cm	14	6.01 -6.10	14
+15 cm	15	5.91 -6.00	15
+16 cm	16	5.81 -5.90	16
+17 cm	17	5.71 -5.80	17
+18 cm	18	5.61 -5.70	18
+19 cm	19	5.51 -5.60	19
+20 cm	20	5.41 -5.50	20
+21 cm	21	5.31 -5.40	21
+22 cm	22	5.21 -5.30	22
+23 cm	23	5.11 -5.20	23
+24 cm	24	5.00 -5.10	24
+25 cm	25	-5.00 segundos.	25

Prova 3 e 4. Força máxima de pernas e de braços.

$$\text{Frel.} = \frac{\text{FMP} + \text{FMB}}{\text{Peso corporal}}$$

B = Força relativa geral do atleta.

FMP = Força máxima de pernas.

FMB = Força máxima de braços.

Explicação:

Para calcular o valor de Fm, é necessário realizar duas provas que medem a força máxima de pernas e de braços. A FMP se acha a partir da força máxima de pernas no agachamento profundo com pesos, entretanto a FMB se acha a partir da prova de força de braços deitado no banco. Ambos os valores se somam e se dividem entre o peso corporal do atleta expressado em quilogramas. O resultado final se avalia atendendo ao que aparece na tabela 1.

Exemplo:

Se um atleta pesa corporalmente 60 kg., tem uma FMP de 100 kg. E uma FMB de 80 kg., então sua força relativa geral é de 3 kg. segundo a tabela 1 seu rendimento é de 16.

Indicações metodológicas para sua execução

- Antes de realizar estas provas é necessário condicionar o organismo dos atletas com exercícios de alongamento, assim como exercícios que requerem uma alta intensidade.
- O aumento dos pesos deve dar-se de forma paulatina e gradual, sem saltos bruscos, para evitar lesões. Por

exemplo, se pode começar aumentando em 10 kg. Em cada repetição e na mesma medida que se aproxima a sua força máxima diminuir a 3 ou 5 kg. os incrementos.

- O treinador deve explicar e cuidar da realização correta da técnica na execução de cada movimento.
- Quando o atleta realiza o agachamento profundo deve utilizar uma faixa em sua cintura como meio preventivo e ter sempre presente a posição vertical do tronco durante a execução do movimento.
- Pelo grau de perigo e complexidade destas provas se recomenda, que durante a realização das mesmas, tanto o treinador como atletas ajudantes estejam próximos do atleta que realiza a prova, por si o mesmo requer ajuda imediata.
- O resultado só será válido se ao menos se realizar uma repetição corretamente.

Tabela 49 – Normativas para achar valores

Valores da força relativa em meninos	Pontos	Valores da força relativa em meninas
-1.50	0	-1.25
1.51-1.57	1	1.25-1.31
1.58-1.64	2	1.32-1.38
1.65-1.71	3	1.39-1.45
1.72-1.78	4	1.46-1.52
1.79-1.85	5	1.53-1.59

Continua...

Continuação...

1.86-1.92	6	1.60-1.66
1.93-1.99	7	1.67-1.73
2.00-2.06	8	1.74-1.80
2.07-2.13	9	1.81-1.87
2.14-2.20	10	1.88-1.94
2.21-2.27	11	1.95-2.01
2.28-2.34	12	2.02-2.08
2.35-2.41	13	2.09-2.15
2.42-2.48	14	2.16-2.22
2.49-2.55	15	2.23-2.28
2.56-2.61	16	2.29-2.35
2.62-2.68	17	2.36-2.42
2.69-2.75	18	2.43-2.49
2.76-2.82	19	2.50-2.56
2.83-2.89	20	2.57-2.63
2.90-2.96	21	2.64-2.72
2.97-3.03	22	2.73-2.79

Continua...

Continuação...

3.04-3.10	23	2.80-2.86
3.11-3.17	24	2.87-2.93
+3.17	25	+2.83

Tabela 50 – Provas 5, 6 e 7. Resistência aeróbia de curta duração (1.600 m. planos, força explosiva de pernas e força explosiva de braços)

Valores dos 1.600 m.	Pontos.	Valores do salto longo S/I	Pontos	Valores da impulsão da bala	Pontos
+5.36 minutos	0	-2.10 cm	0	-3 metros	0
5.33-5.36	1	2.10-2.15	1	3.00-3.25	1
5.29-5.32	2	2.16-2.21	2	3.26-3.50	2
5.25-5.28	3	2.22-2.27	3	3.51-3.75	3
5.21-5.24	4	2.28-2.33	4	3.76-4.00	4
5.17-5.20	5	2.34-2.39	5	4.01.4.25	5
5.13-5.16	6	2.40-2.45	6	4.26-4.50	6
5.09-5.12	7	2.46-2.41	7	4.51-4.75	7
5.05-5.08	8	2.52-2.57	8	4.76-5.00	8
5.01-5.04	9	2.58-2.63	9	5.01-5.25	9
4.57-5.00	10	2.64-2.69	10	5.26-5.50	10
4.53-4.56	11	2.70-2.75	11	5.51-5.75	11

Continua...

Continuação...

4.49-4.52	12	2.76-2.81	12	5.76-6.00	12
4.45-4.48	13	2.82-2.87	13	6.01-6.25	13
4.41-4.44	14	2.88-2.93	14	6.26-6.50	14
4.37-4.40	15	2.94-2.99	15	6.51-6.75	15
4.33-4.36	16	3.00-3.05	16	6.76-7.00	16
4.29-4.32	17	3.06-3.11	17	7.01-7.25	17
4.25-4.28	18	3.12-3.17	18	7.26-7.50	18
4.21-4.24	19	3.18-3.23	19	7.51-7.75	19
4.17-4.20	20	3.24-3.29	20	7.76-8.00	20
4.13-4.16	21	3.30-3.35	21	8.01-8.25	21
4.09-4.12	22	3.36-3.41	22	8.26-8.50	22
4.05-4.08	23	3.42-3.47	23	8.51-8.75	23
4.00-4.04	24	3.48-3.53	24	8.76-9.00	24
- 4 minutos	25	+3.53	25	+9.00 m	25

Tabela 51– Provas 8, 9 e 10. Resistência anaeróbia de longa duração, força rápida de pernas e força rápida de braços.

Valores dos 400 m.	Pontos	Valores do salto triplo longo S/I	Pontos	Valores dos ferros em 10 seg.	Pontos
+1.06.25	0	- 6.10 m.	0	0	0
1.05.76-1.06.25	1	6.10-6.22	1	1	1
1.05.01-1.05.75	2	6.23-6.34	2	2	2

Continua...

Continuação...

1.04.26-1.05.00	3	6.35-6.46	3	3	3
1.03.76-1.04.25	4	6.47-6.58	4	4	4
1.03.01-1.03.75	5	6.59-6.70	5	5	5
1.02.26-1.03.00	6	6.71-6.82	6	6	6
1.01.76-1.02.25	7	6.83-6.94	7	7	7
1.01.01-1.01.75	8	6.95-7.06	8	8	8
1.00.26-1.00.00	9	7.07-7.18	9	9	9
59.51-1.01.25	10	7.19-7.30	10	10	10
58.76-59.50	11	7.31-7.42	11	11	11
58.01-58.75	12	7.43-7.54	12	12	12
57.26-58.00	13	7.55-7.66	13	13	13
56.51-57.25	14	7.67-7.78	14	14	14
55.76-56.50	15	7.79-7.90	15	15	15
55.01-55.75	16	7.91-8.02	16	16	16
54.26-55.00	17	8.03-8.14	17	17	17
53.51-54.25	18	8.15-8.26	18	18	18
52.76-53.50	19	8.27-8.38	19	19	19
52.01-52.75	20	8.39-8.50	20	20	20
51.26-52.00	21	8.51-8.62	21	21	21
50.51-51.25	22	8.63-8.74	22	22	22
49.26-50.50	23	8.75-8.86	23	23	23
49.00-49.75	24	8.87-8.98	24	24	24
-49 segundos	25	+8.98	25	+24	25

Tabela 52– Provas 11, 12 e 13. Resistência aeróbia de média duração, agilidade e resistência à força rápida de pernas

Valores dos 5.000 m	Pontos	Valores da agilidade (diamante)	Pontos	Valores da prova dos saltos contínuos em 20 seg.	Pontos
+ 20 min.	0	+12.40 seg.	0	- 30 m.	0
19.45.01-20.00.00	1	12.31-12.40	1	30-32	1
19.30-01-19.45.00	2	12.21-12.30	2	33-34	2
19.15.01-19.30.00	3	12.11-12.20	3	35-36	3
19.00.01-19.15.00	4	12.01-12.10	4	37-38	4
18.45.01-19.00.00	5	11.91-12.00	5	39-40	5
18.30.01-18.45.00	6	11.81-11.90	6	41-42	6
18.15.01-18.30.00	7	11.71-11.80	7	43-44	7
18.00.01-18.15.00	8	11.61-11.70	8	45-46	8
17.45.01-18.00.00	9	11.51-11.60	9	47-48	9
17.30.01-17.45.00	10	11.41-11.50	10	49-50	10
17.00.01-17.30.00	11	11.31-11.40	11	51-52	11
17.00.01-17.15.00	12	11.21-11.30	12	53-54	12
16.45.01-17.00.00	13	11.11-11.20	13	55-56	13
16.30.01-16.45.00	14	11.01-11.10	14	57-58	14
16.15.01-16.30.00	15	10.91-11.00	15	59-60	15
16.00.01-16.15.00	16	10.81-10.90	16	61-62	16
15.45.01-16.00.00	17	10.71-10.80	17	63-64	17

Continua...

Continuação...

15.30.01-15.45.00	18	10.61-10.70	18	65-66	18
15.15.01-15.30.00	19	10.51-10.60	19	67-68	19
15.00.01-15.15.00	20	10.41-10.50	20	69-70	20
14.45.01-15.00.00	21	10.31-10.40	21	71-72	21
14.31.01-14.45.00	22	10.21-10.30	22	73-74	22
14.15.01-14.30.00	23	10.11-10.20	23	75-76	23
14.00.00-14.15.00	24	10.01-10.10	24	77-78	24
- 14 minutos.	25	- 10.00 segundos	25	+78 metros	25

Tabela 53 – Provas 14, 15 e 16. Resistência à força rápida de braços, resistência anaeróbia de curta duração e resistência anaeróbia de média duração

Valores dos ferros em 40 seg.	**Pontos**	**Valores dos 100 m.**	**Pontos**	**Valores dos 200 m.**	**Pontos**
- 25 rep.	0	+13.75 seg.	0	+26.50 seg.	0
25-26	1	13.61-13.75	1	26.26-26.50	1
27-28	2	13.46-13.60	2	26.01-26.25	2
29-30	3	13.31-13.45	3	25.76-26.00	3
31-32	4	13.16-13.30	4	25.51-25.75	4
33-34	5	13.01-13.15	5	25.26-25.50	5
35-36	6	12.86-13.00	6	25.01-25.25	6
37-38	7	12.71-12.85	7	24.76-25.00	7
39-40	8	12.56-12.70	8	24.51-24.75	8

Continua...

Continuação...

41-42	9	12.41-12.55	9	24.26-24.50	9
43-44	10	12.26-12.40	10	24.01-24.25	10
45-46	11	12.11-12.25	11	23.76-24.00	11
47-48	12	11.96-12.10	12	23.51-23.75	12
49-50	13	11.81-11.95	13	23.26-23.50	13
51-52	14	11.66-11.80	14	23.01-23.25	14
53-54	15	11.51-11.65	15	22.76-23.00	15
55-56	16	11.36-11.50	16	22.51-22.75	16
57-58	17	11.21-11.35	17	22.26-22.50	17
59-60	18	11.06-11.20	18	22.01-22.25	18
61-62	19	10.91-11.05	19	21.76-22.00	19
63-64	20	10.76-10.90	20	21.51-21.75	20
65-66	21	10.61-10.75	21	21.26-21.50	21
67-68	22	10.46-10.60	22	21.01-21.25	22
69-70	23	10.31-10.45	23	20.76-21.00	23
71-72	24	10.16-10.30	24	20.51-20.75	24
+72	25	-10.15 segundos	25	-20.50 segundos	25

Tabela 54 – Provas 17,18, 19 e 20. Rapidez de reação, resistência à força de pernas, resistência à força de braços e resistência aeróbia de longa duração

Valores da arrancada 10 m.	P.	Valores do agachamento em 3' com 40% da força máxima	P.	Valores da prova do morcego	P.	Valores da prova de resistência de 30'	P.
+ 2.00 seg.	0	- 60 rep.	0	- 50 seg.	0	- 5750	0
1.97-2.00	1	60-62	1	51-55	1	5751-5900	1
1.93-1.96	2	63-64	2	56.1.00	2	5901-6050	2
1.89-1.92	3	65-66	3	1.01-1.05	3	6051-6200	3
1.85-1.88	4	67-68	4	1.06-1.10	4	6201-6350	4
1.81-1.84	5	69-70	5	1.11-1.15	5	6351-6500	5
1.77-1.80	6	71-72	6	1.16-1.20	6	6501-6650	6
1.73-1.76	7	73-74	7	1.21-1.25	7	6651-6800	7
1.69-1.72	8	75-76	8	1.26-1.30	8	6801-6950	8
1.65-1.68	9	77-78	9	1.31-1.35	9	6951-7100	9
1.61-1.64	10	79-80	10	1.36-1.40	10	7101-7250	10
1.57-1.60	11	81-82	11	1.41-1.45	11	7251-7400	11
1.53-1.56	12	83-84	12	1.46-1.50	12	7401-7550	12
1.49-1.52	13	85-86	13	1.51-1.55	13	7551-7700	13
1.45-1.48	14	87-88	14	1.56-2.00	14	7701-7850	14
1.41-1.44	15	89-90	15	2.01-2.05	15	7851-8000	15

Continua...

Continuação...

1.37-1.40	16	91-92	16	2.06-2.10	16	8001-8150	16
1.33-1.36	17	93-94	17	2.11-2.15	17	8151-8300	17
1.29-1.32	18	95-96	18	2.16-2.20	18	8301-8450	18
1.25-1.28	19	97-98	19	2.21-2.25	19	8451-8600	19
1.21-1.24	20	99-100	20	2.26-2.30	20	8601-8750	20
1.17-1.20	21	101-102	21	2.31-2.35	21	8751-8900	21
1.13-1.16	22	103-104	22	2.36-2.40	22	8901-9050	22
1.09-1.12	23	105-106	23	2.41-2.45	23	9051-9200	23
1.05-1.08	24	107-108	24	2.46-2.50	24	9201-9350	24
-1.05	25	+108 rep.	25	+2.50 min.	25	+9350 metros	25

Tabela 55 – Tabela comparativa das provas realizadas no primeiro dia

Sexo	Mobilidade	Aval.	50 m.	Aval.	Força Relativa	Aval.	1.600 m.	Aval.
Meninas	+ 15	15	6.31	11	1.75	8	5.11	7
Meninos	+15	15	5.38	21	2.57	16	4.40	15
Média total	+15	15	5.84	16	2.16	12	4.55	11

Tabela 56 – Tabela comparativa das provas realizadas no segundo dia

Sexo	Salto longo	Aval.	Impulsão da bala	Aval.	400 m.	Aval.
Meninas	2.45 cm.	6	4.29 m.	6	1.01.00	9
Meninos	2.78 cm.	12	7.52 m.	19	52.30	20
Média total	2.61 cm.	9	5.90 m.	12	56.65	14

Tabela 57 – Tabela comparativa das provas realizadas no terceiro dia

Sexo	Salto triplo	Aval.	Ferros em 10 seg.	Aval.	5.000 m.	Aval.
Meninas	6.71	6	6	6	18.57.05	5
Meninos	8.86	23	12	12	17.09.38	11
Média total	7.78	14	9	9	18.03.22	8

Tabela 58 – Tabela comparativa das provas realizadas no quarto dia

Sexo	Agilidade	E	Salto rã em 20"	E	Ferros em 40"	E	100 m.	E	200 m.	E
Meninas	11.53	9	44 m.	7	27 rep.	2	12.73	7	25.93	3
Meninos	10.45	20	62 m.	16	41	9	11.46	16	23.28	13
Média total	10.99	15	53 m.	12	34	5	12.09	12	24.60	8

Tabela 59 – Tabela comparativa das provas realizadas no quinto dia

Sexo	Rapidez de reação	E.	Agachamentos em 3' com 40% da F máx.	E.	Morcego	E	Corrida de 30'	E
Meninas	1.70	8	68	4	53"	1	6216 m.	4
Meninos	1.24	20	96	18	99"	10	7898 m.	15
Média total	1.47	14	82	11	76"	6	7057 m.	9

Tabela 60 – Tabela que apanha as médias por sexo e total em cada prova efetuada

Sexo	1	2	3,4	5	6	7	8	9	10	11	12	13	14	15	16	17	**18**	19	20	T
Meninas	15	11	8	7	6	6	9	6	6	5	9	7	2	7	3	8	**4**	1	4	124
Meninos	15	21	16	15	12	19	20	23	12	11	20	16	9	16	13	20	**18**	10	15	301
Média total	15	16	12	11	9	12	14	14	9	8	15	12	5	12	8	14	**11**	6	9	212

Tabela 61 – Tabela que apanha os níveis de rendimento físico geral de um atleta de alto rendimento esportivo

Amostra utilizada	Sexo	Média de idade	Média de peso (kg)	Nível máximo de rendimento físico geral	Avaliação
36	Meninas	16.2	57.6	26.10	Deficiente
28	Meninos	17.5	72.9	63.36	Bom superior
64	Total	16.8	65.2	44.73	Regular

Tabela 62 – Tabela para a escala de avaliação do nível máximo de rendimento físico geral de um atleta de alto rendimento esportivo

Nível máximo de rendimento físico geral	Categoria esportiva	Avaliação
Mais de 87 de rendimento	Atleta fora de classe	Super excelente
De 75 a 86	Atleta de Super elite	Excelente
De 65 a 74	Atleta de elite	Muito bom
De 55 a 64	Atleta de alto rendimento	Bom superior
De 45 a 54	Atleta com nivel esportivo	Bom inferior
De 35 a 44	Atleta com certa preparação	Regular
De 25 a 34	Atleta com pouca preparação	Deficiente
Menos de 25	Atleta com preparação insuficiente	Insuficiente

Tabela 63– Tabela que contém a forma de avaliar cada prova individualmente

Escala de pontos	Nível de rendimento
20-25	Excelente
15-19	Muito bom
10-14	Bom
5-9	Regular
1-4	Mal
-1	Insuficiente

BIBLIOGRAFIAS

1. Alter Michael, J. (1994) Alongamentos para os esportes. Espanha, Editora Gymnos.
2. Alvárez del Villar, Carlos. (1992) A preparação física do futebolista baseada no atletismo. Espanha, Editora Gymnos.
3. Anselmi, Horacio E. (1996) Força e Potência. A fórmula do êxito. Argentina, Editora Planeta.
4. Arnot, Robert e Gaines, Charles. (1991) Selecione seu esporte. Barcelona, Espanha, Editora Paidotribo.
5. Blazquez, S. Domingo. (1986) Iniciação aos esportes de equipe. Espanha, Edições Martínez Roca. S.A
6. Brugger, L. e col. (1995) 1000 exercícios e jogos de aquecimento. Espanha, Editorial Hispano Europea.
7. Bunn, John. (1987) Treinamento esportivo científico. México. Editorial PAX México.
8. Conselho de Europa. (1987) Provas Eurofit de Aptidão Física. 408 va. Celebração de Ministro. Cidade de Havana, Manual Bibliografado no ISCF "Manuel Fajardo".
9. COM. (1994) Os objetivos do processo de ensinamento no treinamento esportivo. México Direção Geral de Esportes Seletivos.
10. Cuba. INDER. (1991) Comissão Nacional Atletismo. Programa da Preparação do esportista. Havana, ISCF "Manuel Fajardo".
11. Chu Donald, A. (1993) Exercícios Pliométricos. Espanha, Coleção Esportes & Treinamento, Editorial Paidotribo.
12. Dick, Frank. (1993) Princípios do treinamento esportivo. Espanha, Coleção Esportes & Treinamento, Editorial Paidotribo.

13. Demeilles, Lucien (1973) Entrainement Athlétique. 150 exercices avec poids et haltéres, Paris, Francia, E. Amphora.

14. Ehlenz, Grosser e Zimmermann. (1990) Treinamento da força. Fundamentos, métodos, exercícios e programas de treinamento. Espanha, Edições Martínez Roca. S.A.

15. Erlanger J., Weineck. (1994) O treinamento físico do futebolista. Vol. I. Barcelona, Espanha Editorial Paidotribo.

16. Erlanger, J. Weineck. (1993) Ótimo Treinamento. Como conseguir o máximo de rendimento. Barcelona, Espanha, Editorial Paidotribo.

17. García Manso, Juan Manuel e col. (1996) Bases teóricas do treinamento esportivo. Princípios e aplicações. Espanha, Editorial Gymnos.

18. García Manso, Juan Manuel e col. (1996) Provas para avaliação da capacidade motriz no esporte. Espanha, Editorial Gymnos.

19. González Badillo, Juan José. (1995) Fundamento do treinamento da força. Aplicação ao alto rendimento esportivo. Espanha, Inde Publicações.

20. Grosser, Manfred. (1991) Treinamento da Velocidade. Fundamentos, métodos e programas. Espanha, Edições Martínez Roca. S.A.

21. Harre, Dietrich. (1988) Teoria do treinamento esportivo. Cidade de Havana, Editorial Científico Técnico.

22. Haag, H. e Dassel, H. (1995) Teste da condição física, no âmbito escolar e a iniciação esportiva. Espanha, Hispano Europea.

23. Hahn, Erwin. (1988) Treinamento com crianças. Teoria, prática e problemas específicos. Espanha, Edições Martínez Roca. S.A.

24. Hartmann, J. e Harold, T. (1995) A grande enciclopédia da força. Barcelona, Espanha, Editorial Paidotribo.

25. Hartmann, J. e Harold, T. (1996) Treinamento moderno da força. Barcelona, Espanha, Editorial Paidotribo.

26. Hernández Corvo, Roberto. (1997) Preparação biológica do aquecimento. Espanha, Gráfica da Comunidade de Madri.

27. Jager, K. e G. Oelschlagel. (1979) Teoria elementar do treinamento. Berlim, Editora Esportiva Berlín.

28. Junta de Andalucía. (1989) Treinamento esportivo em idade escolar. Espanha, Coleção Unisport.

29. Kos, B e Teplý, Z. (1995) 1500 exercícios de condição física. Força, Flexibilidade, Equilíbrio, Coordenação Espanha, Editorial Hispano Europea.

30. Kusnetsov, V. (1981) A preparação de força nos esportistas de categoria superior. Cidade de Havana, Editorial Orbe.

31. Lacaba, Ramón. (1996) Técnica, sistemática e metodologia da musculação. Espanha, Editorial Gymnos.

32. Lambert, Georges. (1993) O treinamento esportivo. Perguntas e Respostas. Barcelona, Espanha, Editorial Paidotribo.

33. Levesque, Daniel. (1993) O treinamento nos esportes. Espanha, Editorial Paidotribo.

34. Loehr, James E. (1986) Fortaleza mental no esporte. Como alcançar a excelência atlética. Argentina, Editorial Planeta.

35. Manno, Renato. (1994) Fundamentos do treinamento esportivo. Barcelona, Espanha, Editorial Paidotribo.

36. Martínes Córcoles, Pablo. (1996) Desenvolvimento da resistência da criança. Espanha, INDE Publicações.

37. Murcia Peña, Napoleón. (1998) Escola de formação esportiva e treinamento esportivo infantil. Colômbia, Editorial Kinesis.

38. Navarro, Fernando. (1996) Treinamento da resistência. Manual bibliográfico ISCF "Manuel Fajardo". Cidade de Havana.

39. Ozolin, N.G. (1970) Sistema contemporâneo do treinamento esportivo. Cidade de Havana, Cuba, Editorial Científico – Técnica.

40. Pieron, Maurice. (1988) Didática das atividades físicas e esportivas. Espanha, Editorial Gymnos.

41. Pearl, B. (1991) Tratado geral de musculação. Barcelona, Espanha, Editorial Paidotribo.

42. Platanov, V. N. (1991) O treinamento esportivo. Teoria e Metodologia. Barcelona, Espanha, Editorial Paidotribo.

43. Platanov, V. N. (1995) A preparação física. Barcelona, Espanha, Editorial Paidotribo.

44. Ranty, Yues. (1992) Treinamento autógeno progressivo. Barcelona, Espanha, Editorial Paidotribo.

45. Ranzola, A. e Barrios J. (1998) Manual para o esporte de iniciação e desenvolvimento. Cidade de Havana, Cuba, Editorial Esportes.

46. Readhead, Lloyd. (1993) Manual de treinamento de ginástica masculina. Barcelona, Espanha, Editorial Paidotribo.

47. Schreibert, Marianne. (1994) Treinamento para estar em forma. Barcelona Espanha, Editorial Paidotribo.

48. Volkov, V. M. e Filin, V. P. (1989) Seleção Esportiva. Moscou, URSS, Vneshtorgizdat.

49. Zintl, Fritz (1991). Treinamento da resistência. Fundamentos, métodos e direção do Treinamento. Barcelona, Espanha, Edições Martínez Roca, S.A.

SOBRE O AUTOR

Adalberto Collazo Macías nasceu em 27 de agosto de 1968, em Guanajay, Província La Habana, Cuba. Desde muito pequeno sentiu um profundo amor pelo maravilhoso mundo dos esportes, que inclusive o levou a praticar muitos deles.

Foi jogador de beisebol durante muitos anos, participando em competições nacionais juvenis e universitárias, assim como em nove campeonatos da cidade, na própria cidade. Participou em competições oficiais de atletismo, tênis de mesa, ciclismo, voleibol, entre outros. Em 1992 se graduou em Licenciatura de Educação na especialidade de Educação Física. Tem atuado como professor de Educação Física em todas os ensinamentos do Sistema Nacional de Educação Cubano. Desempenhou funções como Subdiretor Esportivo na Escola Superior de aperfeiçoamento Atlético de La Habana, atendendo ali ao trabalho técnico metodológico de mais de 25 esportes. Cursou quatro graduações relacionadas com a Educação Avançada e o Treinamento Esportivo. É especialista em Ciências na especialidade de Educação Avançada. Atualmente trabalha como professor assistente no Departamento de Teoria e Metodologia do Instituto Superior de Cultura Física "Manuel Fajardo", da Cidade de La Habana, onde atua como professor nas matérias de teoria e metodologia da Educação Física e teoria e metodologia do treinamento esportivo. Tem publicado vários artigos relacionado com o treinamento esportivo.

Este seu primeiro livro, intitulado Sistema de Capacidades Físicas: (Fundamentos teóricos, metodológicos e científicos que sustentam seu desenvolvimento no homem), plasma de forma clara e precisa todos aqueles elementos indispensáveis para compreender desde o ponto de vista teórico os fundamentos que sustentam cientificamente o processo de desenvolvimento das mesmas, no que recolhem múltiplos critérios de diversos autores que nas últimas décadas têm abordado de diferentes formas o tema das capacidades físicas. Além disso, este livro mostra oito capítulos onde se expõem aspectos gerais que sustentam o desenvolvimento das capacidades físicas, aparece um capítulo para cada capacidade: resistência, força, rapidez, mobilidade e as capacidades coordenativas, onde se debatem e se expõem conceitos, formas de classificação das mesmas, principais fatores que condicionam seu desenvolvimento, efeitos que produzem no organismo humano, assim como meios e métodos fundamentais que condicionam seu aperfeiçoamento, e conclui oferecendo uma nova metodologia para confeccionar planos de preparação física e por último, aparece um superteste com o qual se pode medir o nível máximo de rendimento físico geral em atletas de alto rendimento esportivo.

Próximas Publicações do Autor em Preparação

- Didática do treinamento esportivo.
- Teoria e Metodologia do Treinamento Esportivo: Fundamentos científicos deste complexo processo.
- Modelo biopsicossocial pedagógico para a seleção e captação científica de talentos esportivos em idades prematuras.
- Estrutura metodológica dos sistemas de planificação do treinamento esportivo: Manual Básico para treinadores esportivos que trabalham no alto rendimento.
- Educação Física: Sociedade e Desenvolvimento, uma visão do esporte educativo, entre outros.

Impressão e Acabamento
Bartira
Gráfica
(011) 4123-0255